〔西餐〕餐桌禮儀

究極品味的科學

陳弘美 著

目錄

Chapter 1.

Chapter

2. 餐廳內順暢的互動，以及基礎知識

Chapter

3.

每一個餐具的正確用法——082

Chapter 4.

每一道菜的正確吃法——106

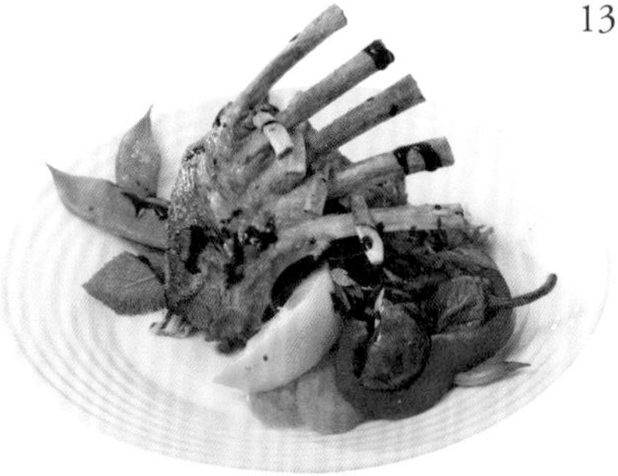

Chapter 5.

日常的簡餐也可以吃得這麼好看——150

Chapter 6.

義大利菜 歐洲的「中國菜」，西餐之母——162

Chapter

7.

葡萄酒：歐洲三大食文化之一——192

Chapter 8.

Chapter 9.

Chapter

10.

咖啡、紅茶、甜點

Chapter

11.

歐洲名瓷的知識

推薦序

禮儀——個人信用度的指標

長榮集團創辦人暨已故總裁
張榮發（二〇〇四年）

弘美小姐主修國際關係政治學，在日本大眾傳播工作，對她的印象是賢淑有禮及思考敏捷。更從暢談的國際關係與世界經濟話題中，可看出弘美具有宏觀的全球視野，她對社會學與政治學都涉獵極廣，對人文更有一份真摯的關懷。後來得知，她是許丙氏（日本貴族院議員）的孫女。她具有中、英的教育背景，再加上日本式的社會工作經驗，培養出具有國際觀的思維。

然而，前述「全球」的視野對她而言，只是一個基本觀點。她最熱衷和我討論的是「形上」的話題，探討自然、大宇宙的法則：「人和宇宙的互動關係」、「人是從何生、往何去」、「一個靈魂的目標為何」等等。

她非常注重精神層面的修養，也以精神心靈生活作為人生的主軸。她更懂得形下的「無常」和形上的「永恆」之別。

特別是，我本身也非常重人文生活的提升，近年來，台灣雖然物質生活富裕，創造經濟的奇蹟，國民所得也幾乎和已開發國家並列，但是，社會心靈上的貧乏、精神上的低落，使我非常關切。本人有感於身為企業家，應對國家及社會有所貢獻，因此，長榮集團在早年即設立了「國家政策研究院」，集合學者專家的智慧，對政府提出良好的政策；設立「財團法人張榮發基金會」，從事清寒、急難、災害及醫療之社會救助；另亦創辦了「長榮交響樂團」，推廣音樂之美，以提升社會的文化水準。

從閒談中，深深感受到弘美也有「憂國憂民」的使命感。她了解到當前社會禮儀的沒落及道德倫理的式微，所謂精神心靈的培養，更是迫切的需要。弘美此次出版的書，目的就在於提升生活的品質及心靈的水平，促使台灣、全亞洲人對禮儀精神的重視，進而培養讀者的人文關懷、倫理道德及社會良心的素養。全書可說具有高度的可讀性與教育意義。

一個國家各方面的水平是先進或是落伍，不應只在物質上去衡量，也需要考量國民的禮儀水準。同樣的，一個人的「靈性身分」，不在於其地位的高低，而在於品行舉止。這也是本人所經營的長榮集團三十多年來始終強調的用人哲學；以我多年用人的經驗來看，一位謹守禮儀的人，相信在工作上也會盡本分，事求精確及有責任感。換言之，也可把禮儀視為一個人信用度的指標。

弘美雖然是受美國西式教育，又在新潮的電視界工作，但對長輩、工作同仁都非常有禮貌，且處處為人著想。弘美小姐以她豐富的閱歷，及多元化所培訓出來的見聞與經驗出版了這本書，是她所精心撰寫的作品，希望是她貢獻社會的第一步。

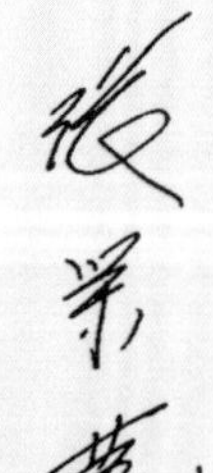

作者的祖父許丙氏（最左）在東京家中宴請愛新覺羅溥傑（正中央）和當時關東軍將領，以及傳奇人物——身著男裝的川島芳子（溥傑右邊）。

民視台灣台
HD
他當選了日本貴族院的議員
許丙與滿洲國淵源 大時代的故事 歷史記憶的回顧
21:08

前排中間著禮服者為許丙氏，圖片翻拍自民視台灣台。

Chapter 1.

自己的文化度是幾星級？這才是永遠的財產

1.「好吃」不是光來自味覺——三星級餐廳哪裡不一樣？

諾貝爾晚餐是每年年底由瑞典國王主持的慶典。慶典中有諾貝爾獎頒獎儀式和交響樂大樂團的演奏表演。全球有貢獻的研究者、學者也受邀共進晚餐，是全球電視都會轉播的隆重晚宴。但是你會很意外的是，饗宴的菜色很簡單，只有前菜、主菜和甜點。我的一位日本朋友的親戚是諾貝爾獎得主，他也隨行參加過，胖胖的他笑嘻嘻地說：「還好，麵包是無限供應的，不然還真吃不飽啊。」（其實這是不太規矩，因為麵包不是為吃飽的。第4章詳述。）

菜色簡單，但是在規矩上，大會明言三點：

①服裝規格（dress code）。

②就座後不再起身。洗手間要開宴前去。

③進餐時不拍照。

讀者看了這三點大概會驚訝「什麼……」，因為這三點不都是平常最不在意的！有那麼嚴重嗎？

有沒有看出這三點的一個共通處？

都是重視他人的感受、不騷擾空間的氣氛。

因為一個空間的氣氛是靠每一個人的舉止和衣著外觀營造出來的。

「隆重」和「歡愉」是來自於氣氛的昇華，吃喝只是一小部分。

這也是為什麼一位真正的美食家必會注重禮儀和氣氛。

真正美食家不會只是「吃貨」，像似「為吃無罪」，只要為了吃，吃得髒、醜、吵、亂都不在乎。因為他知道自己的吃相、舉止觀瞻，會影響在場的氣氛，氣氛會影響「好不好吃」。

「好吃，並非只來自味蕾」是有科學根據。

再怎麼懂音樂、聽覺敏感，人的可聽音域是20 Hz至 20,000 Hz。人的器官的感度是有天花板極限的閾值。

同樣的，再敏感的味蕾，從味蕾可以得到的美味也是有天花板極限的。

「味覺的科學」是一九八〇年代開始研究的學問，發現大腦感到「好吃」的刺激不是只來自舌頭的味覺，也來自於視覺、嗅覺、聽覺等多元的刺激，在大腦統合後的結果。東京大學在二〇二三年發表了一個研究結果。Crossmodal跨模式感知，是指人的視覺、聽覺、味覺、嗅覺、觸覺會相互影響。他們做了一個實驗：吃同樣一個巧克力，當人聽快活的音樂時會感到甜，而聽恐怖的歌劇卻會感到苦。七十七%的日本人是同一個實驗結果，這證實味覺受其他感官的影響。

歐美的高級餐廳以及日本的料亭是個好例子。筆者去歐洲的三星級餐廳確實會感到「特別好吃」（這不是朝聖心態，請參閱《日本料理餐桌禮儀・究極品味的科學》內的特集）。會感到「特別好吃」是除了米其林表面公布的那五個評審基準：食材、烹調方式、獨創性、CP值和一貫性之外，突破味蕾美味的天花板閾值的是這些餐廳精心營造出「超越吃」的附加因素。

在門口，侍者招呼歡迎時筆挺的姿態，溫暖可親的神情；廳內的裝潢，從天花板的藝術到壁畫、窗簾、燈飾，以及華麗但也符合人體工學的舒適座椅；上質的餐具、觸感舒服的桌布和餐巾；各崗位的服務人員的專業知識讓你安心信

任；再加上在場的每位客人高雅的舉止和進食法；有時老闆會現身打招呼，但是會謙卑地絕不打擾客人之間的交談，那個距離上的拿捏又是個迷人的紳士風度；每個料理在視覺上的獨創性、藝術性的演出讓你的味覺中樞不得不開設新的檔案夾。巴黎La Tour d'Argent餐廳可以在窗邊俯覽聖母院；Epicure餐廳有一個美麗的法式中庭花園；在俄國餐廳吃魚子醬料理聽著俄國傳統音樂；在東歐吃鵝肝料理配著現場吉普賽柔情的小提琴伴奏；

這些因素營造出來的氣氛，讓你傾心雀躍又舒服，因而刺激腦內快樂激素多巴胺和內腓肽分泌，使副交感神經居處於優位。副交感神經是掌管味覺，因而刺激腦內「好吃」的感覺。

一流的享受並不是靠花錢。陳姐姐喜歡野餐。有沒有覺得在風景美麗、鳥語花香的地方野餐，無論吃什麼，即使是昨天晚上的剩菜，也會覺得特別好吃？這就是腦內多元感覺的參與的結果。

要超越味蕾感官的閾值極限就要豐富更多元的感性，加入「形而上」昇華享受。而就形而下的物質享受而言，不少人會炫耀「上×星級餐廳」、「吃山珍海味」，但是這只是一個入口、開始，因為愛吃美食只是動物的本能，比方我家的流浪貓剛來時連狗罐頭都吃，而現在牠的罐罐比我吃的還貴。「買下美食」不需要文化教養，而如何吃得有品，和吃出料理的價值的品味，這就需要文化教養了。品味是具客觀性科學，有好、壞、對、錯。整本書帶你探討如何開發更多元的感性加上味蕾的科學，達到究極的品味。

2.

餐桌是人生重要的舞台
——你的文化度是幾星級？這才是永遠的財產

不要為了吃相失去機會

餐桌禮儀不但如前述會影響他人的心情和氣氛，它更是透露一個人的「深層面相」。

無論戀愛或工作，人生有多少大事、小事、公事、私事是在餐桌上進行、決定的？說餐桌是人生重要的舞台一點也不為過。

並且上正式餐廳大多是有重要事由，那時你對自己在檯面上的吃相、舉止有多少信心？**吃相是人的另一個面相**，是給你加分還是減分？

對「吃相難看」的嚴重性，真的要吃飽三代才能夠了解，即所謂「富過三代方知禮」嗎？

確實，人的進化階段是：先吃飽，之後吃好。物質形下滿足之後才會進階講究形而上精神的禮儀和品味。不過快要6G時代了，我們也要進化更快一點，別等過三代，因為你在不自覺中已經失去很多機會了。

李遠哲前院長曾經和我談過，學術再優秀的國人當出席國外正式餐會上的舉止禮儀實在是需要學習。這就是閱歷世界舞台的人愈是了解餐桌教養是不可忽略的教養。

至今國人仍受控於科舉思想，「書中自有千鍾粟」，只要會讀書，其他一切都不必管，因而缺失文化教養和國際感性的進修。這就是為什麼國人出國留學、工作都很難融入當地社會核心或上流圈。因為先進國家的人不在意你會不會讀書，而是在意和你在一起舒不舒服。一個人的吃相髒、醜、吵、亂的話，其他一切都免談——這是國外一般有水準的人的感性。

對於「吃相噁心」，可怕的是沒人敢告訴你！大家都是噁心在心裡，連直腸子的陳姐姐也只敢寫書告訴你。

不知道聽過多少男女在相親吃飯時，就已經決定有沒有下一次了。

吃相不光是美醜、形象上的問題，它更透露了出身家教。這和貧富無關，是顯示出父母的教育價值觀。但是不能歸罪於父母的先天環境，因為最重要的是後天要教育自己。所以從吃相也是看出一個人的「自我監督」能力。若一個人一旦美食當前，就忘我似地狼吞虎嚥的貪婪相，從社會的觀點來看，如此只顧眼前利益的人會讓人聯想，和他一起工作可以放心嗎？

歐洲有句話說：「吃一頓飯，可以看得見你母親的臉。」

日本也有一句話：「看你拿筷就知道你的出身。」

即使你是大富大貴、吃遍三星級山珍海味，但心態仍停留在「吃好就好了，管他吃相！」這是精神尚未進化，未脫離貧困。相反的，生活樸素而重視禮儀氣質，你就是精神貴族。

吃相是「深層面相」

人人都愛美，而為什麼吃相難看就不在乎？

有看過這樣的情形嗎？有錢人，吃飯時的「貧相」；紳士，吃飯時的「貪相」；淑女，吃飯時的「粗相」；美食家，吃飯時的「飢相」；美女，吃飯時的

「醜相」。

沒有人不在乎外表，出門前打扮完畢，鏡子一照都很ＯＫ。不過，人不是平面，是立體的、是會動的。當你一吃飯又是你的另一個面相，這有沒有照過鏡子呢？吃相可以毀掉名媛美女、帥哥紳士哦！

因為「吃」是動物的本能，所以很容易「淪為動物」，也露出一個人的本色。比方在電視美食節目裡原本端莊秀氣的女星，一旦菜上桌，就像變了一個人似的大口撕咬、吱喳咀嚼讓人跌破眼鏡，但是這才是她的真面目！

吃相是一個人的「深層面相」。

在宴會中大家都是穿戴一流名牌、珠寶，但是一旦開始用餐，一個人的禮儀、教養，從幾個小動作可以立即看出是真、假名媛紳士。

有錢，並不代表上流。

有錢，也不會自動升等為上流。

「有錢」是靠流汗努力才能獲得的。「上流」同樣也是靠文化、教養的努力才能達到的。即使是「含著金湯匙」出生，不去學金湯匙怎麼用的話，金湯匙會插進鼻孔喔。

文化教養是唯一可以帶去輪迴的

禮儀、品味的教養不僅是為自己的美觀和享受，也因而培養出對周遭人的感受敏感的一顆心，和監督自己的舉止粗、雅、醜、美的習慣。這是一個人的氣質的開始。氣質是從三餐開始培養。

沒有人出生就懂得禮儀的技術。比方電腦、高爾夫球都是得學才會。同樣的，禮儀也是一門技術，要學才會。肯不肯就看你有無認知它的重要性。出了社會就沒有老師父母督促你了，這個「社會人的軟體」要靠自我教育。

地球村、國際化的現代，任何人接觸國際的機會更加頻繁。因此從兒童就應該開始培養餐桌禮儀。餐桌禮儀在學校無法教導，只能靠親子教育。並且重要的是要讓孩子思考為什麼要這麼做，說明「禮必有理」，每個禮的背後的科學理由（後述）。了解了遊戲法則，他自然會觸類旁通對其他菜的吃法也舉一反三，就更有趣了。

當然，小孩不會聽你的，比方陳姐姐從小就是愛反抗的野孩子，但是父母不斷得習慣性的提醒，這會在孩子的意識裡播種，長大後自然會萌芽。所以陳姐姐今天被稱為「禮儀專家」，以前的老師們都跌破眼鏡。

給孩子任何昂貴的物質都是身外之物。從每天三餐的餐桌禮儀培養出有品的心靈和大方的舉止，這一技之長會使他將來在國際社會上的任何場合都泰然自若、信心滿滿。這個教養是一個社會競爭力，也是一生的財富。

「知書達禮」不是阿公阿嬤的陳腔濫調，仍是現在世界一流男女的最基本配備。

一個人最好的配飾不是物質，是氣質。

氣質是唯一可以帶去輪迴的；氣質也會滲入ＤＮＡ，遺傳給下一代。

3. 今天開始！速成餐桌美女、俊男的五個基本習慣

文明人的指標——不「髒、醜、吵、亂」

看到前述諾貝爾晚餐的規定：①服裝；②用餐時不走動；③用餐時不拍照。大概令不少人捏把冷汗，有那麼嚴重嗎？

這也是陳姐姐寫此書的動機，因為國人對「髒、醜、吵、亂」的敏感度和先進國度的國民的差距很大，這也是在國外發生衝突的大多原因。並且陳姐姐要鼓勵大家多對「髒、醜、吵、亂」敏感，自己不做，也不要容忍，因為我發現這是一個國家會不會進步成為先進國家的原點。

在國外旅遊有沒有經驗過因服裝不符餐廳或美術館的規格而被拒入廳；或是在美術館，不管後面有沒有人在看畫就站在最前面擋到後面的人而挨罵；大

聲講話而遭周圍人的白眼；甚至外國長輩會過來用不管你聽得懂聽不懂的語言教訓你？不少人因為不知道自己哪裡不對，就覺得是受歧視。

這不但不是歧視，反而是自己的舉止先冒犯、輕視別人，對方才如此反應。很多人會很無辜的說：「我無意冒犯、輕視呀！」是的，陳姐姐就是知道不是故意的，只是因為在國內習慣「髒、醜、吵、亂」沒規矩，而不知道那都是外國人最敏感的要害。

陳姐姐作一個國際感性的橋樑。

陳姐姐是初中畢業後入美國學校，又長年住日本，在工作、私交上和歐美人交往頻繁。可以感到歐美、日本人和中國人、台灣人性相對沖的地方是：

歐、美、日國家的國民對五官的敏感度很高，厭惡「髒、醜、吵、亂」。自己不做，也不容忍。而這「髒、醜、吵、亂」是不是國人非常鈍感的？對「騷擾到別人」或是「自己被騷擾」都無感？我想原因是，中式禮教和國際禮教的不同。

中式的禮教仍是在延續封建。是不需你理解，是強迫性的「禮」。只教下要對上敬畏、服從權勢的形式稱作「禮」。權勢則可以不講理，不講「禮」。中式禮教不是生活教育，沒教導如何尊重平輩的他人，以及自律的習慣。

而國際的禮教是相反，反而是剷除封建，禮是為人人平等而有。法文禮儀Savoir-Vivre，直譯是「活得美好」，禮是尊重人格，人格沒有上下，是為大家彼此都能舒服愉快的互動。是以人文、感官的感受舒服為主。

國民自己本身不「髒、醜、吵、亂」也就自然會要求國家社會也不「髒、醜、吵、亂」。這也是一個國家會成為先進或是落後的分歧點。舉一個例子，台北的公車是顛簸晃盪到像雲霄飛車般的刺激，不，對老弱婦孺和沒有核心肌群平衡感的人，幾乎是會出人命的危險乘具。因為每一輛都一樣，所以不是司機先生的技術問題。如果你接受這個不舒服的爛品質，國家進化就到此為止。如果你不接受不舒服，憤慨為什麼台灣人不能坐像先進國家般舒適的公共交通？你就會開始質疑問題是出在採購？圍標？內政部、交通部護航？貪汙？國民不接受劣質，才會監督政府，督促社會進步。

再舉一例：GDP和台灣差不多的國家，為什麼都可以住在美觀的市容？為什麼我們的陰溝和河會發臭？如果你對臭味無感，就不會進一步聯想被派系壟斷的種種國家資源就是直接弱化國力，腐蝕國民的生活品質。

人最基本的尊嚴是：自己不髒、醜、吵、亂，也不接受他人的「髒、醜、吵、亂」。有標準才會衍生出是非觀念，建立起批判性思考。

所以讀者有沒有發現，在餐桌上不髒、醜、吵、亂的國民，他們國家的市容也不髒、醜、吵、亂？因為對自己的標準會延伸到社會。

另一個中國人、台灣人和歐美人、日本人感性上很大的隔閡是：同樣是去高檔餐廳，中餐廳是只要有錢誰都可以去，哪有什麼門檻？而西餐和日本料亭是，**有去得起的錢，也要有去得起的禮儀**，是有門檻的。這是因為西餐和日本料理有傳承下來的明明確確的用餐規矩。你做對做錯，懂還是不懂，土還是不土，一目了然。

禮儀和品味除了是為自己美觀又好吃之外，也是維護餐廳氣氛的要因。

歐、美、日人上高檔餐廳不是光為了吃，是為享受優雅的氣氛。「氣氛」是店家珍貴的財產，是靠有品的客人營造出來的。而若來了一群粗蠻的，髒、醜、吵、亂的土豪踐踏了氣氛，是不是成為公害？

地球村的今天，拓增國際感性是必修課。理解歐、美、日先進國家的感性是在意什麼？禮必有理，理由是什麼？就會理解下述的五個基礎用餐規矩和禁忌為什麼那麼重要。

五個用餐基礎動作，讓你自信滿滿

西餐不是我們的文化，即使你拿錯了刀、叉，或是誤喝了洗指水都沒關係，餐飲技術任何人都是從零開始的。而且不像日本禮儀有許多暗規，西餐是依據禮儀法典（Protocol）的明規，可以一步一步慢慢學。但是下述的五個用餐基礎規矩是世界共通的禁忌，絕對要遵守，並且要從今天就開始養成習慣。即使是一個人吃便當，即便在路邊攤也這麼做才能養成習慣。也教育孩子，讓這五點習慣變成了身體的自然反應，會是他一生的財產。

這是萬國通用的五個基礎，也是鐵律。髒、醜、吵、亂的大忌一個都不要犯：

①吃喝、咀嚼不出聲。不在人前打嗝。餐具輕放、不碰撞。

②不邊咀嚼邊說話，嘴內食物曝光超噁心。所以一口不吃太多以便可以回應同伴一下。因為只光顧吃也是沒禮貌。咀嚼時閉合雙唇（這很重要但是不多人做到，所以從小要教）。

③不埋頭吃，額頭朝前方。

④坐姿正挺不靠椅背，手腕靠著桌邊，手肘不放桌上，手不撐頭。

⑤保持「盤相」美觀。在進食中不斷的整理集聚食物在盤子中央，不散亂。吃完後，殘骨全聚集一角或在中央。飯後的盤相就是重要的家教。

光是做到這五點，你可以對自己的餐桌文化度信心十足，上任何場所都可以泰然自若了。

若是上高檔餐廳除了上述的五點基礎，再加上這五點：

①很多人常犯的：西餐是一人一份，不要像中餐一樣分食。更不要交換餐

盤。在餐桌上忙來忙去很騷擾、難看又土。

②絕不大聲說話，大嗓門就是粗野、是公害！不講電話。不過笑聲是非常OK。

③不照相（即使得到店家的同意，吃喝還是平常心以對吧……）。

④在正式高級餐廳的規矩是一入座到餐畢為止，不站起來走動。洗手間是在入座前去；離席去打電話或去找朋友等都是騷擾。要去補妝也是等到餐畢（照著陳姐姐後面教的吃法，女士一餐下來可以不必補妝☺）。

⑤不要對左鄰右舍東瞄西瞄。這一點是國人比較難理解的。在歐、美、日，「看人」是不太有品，也帶有挑釁的敵意（當然你是無心），所以西方人是當眼睛一碰上就馬上微笑，是表示友善。

聽到後面有人打破杯子或嗆咳不停也不必回頭關心。你看他，是不是讓他更糗？將心比心。餐廳是每一個人買下的時間和空間，要尊重彼此的私人時光。

擁有這些舉止，即使是小朋友也獲得了餐桌文化度一星級了★。接下來學習後面的用餐技術，再加上究極的品味，你的餐桌文化度就是三星級★★★。

4. 禮儀和究極的品味方法——全都是科學

你誤會了禮儀，「真禮」是具科學原理

陳姐姐寫了不少禮儀書被稱為「禮儀專家」，其實我不太舒服，因為首先這不是我的職業，並且我知道大家想像我的印象必是：拘謹、嚴肅、一絲不苟……，而看到我的「真面目」會非常意外，因為和想像的正是相反：我沒在作「人設」，我是愛笑、愛鬧、不假仙、率直，並且監督日本、台灣政府不分顏色絕不客氣！之所以會和大家想像的反差很大，是因為大多人誤會了「禮儀」。

禮儀是一個SOP，是一技之長，並不是要你去改個性、假道學。並且這SOP是基於洗鍊的人文感性和客觀性的科學理由。

無理的「虛禮」v.s.有理的「真禮」

「吃飯就開懷吃嘛，要講禮儀很拘束耶！」「讓小孩子自由嘛，不要講規矩壓抑他們啦！」這也都是對「禮儀」的誤會。如果餐桌禮儀只是為了刁難、束縛的僵硬教條的話，最叛逆、愛自由的射手座又是B型的陳姐姐會乖乖聽話嗎？

但是我可以了解為什麼一提到禮儀大家會覺得煩，因為如前述大多人所認知的中式禮教是有階級觀念的阿諛奉承的形式；只要卑微、服從就是禮；從來不必對你說理由。比方在一個民主國家是不合理的違憲現象，基於政治考量可以決定某人是「偉人」，逼迫全民要對他的肖像致敬鞠躬，鞠不夠深會挨罵；在兵役軍中被強制的「無理之禮」更是可想而知；所以大多數人對「禮」盡是勾起無理、被迫、被壓抑、不愉快的記憶。

並且為阿諛奉承的「禮」是無止境的。比方立法委員上任當天下雨，立法院出動職員替每位委員撐傘……，日本天皇都自己撐傘了。問題是這些官員對納稅人國民卻是封建時代官尊民卑的「衙門臉」，對國民就可以不講禮了。

陳姐姐推的禮是世界通用的「真禮」，正是剷除封建，在理和禮的面前人人平等。人人講理守禮，彼此都舒服受尊重。

並且真禮是有止境的！只要做對SOP，就不必擔心有沒有過多過少，你可以天不怕地不怕了。所以懂禮反而是讓你真正的自由，盡情吃喝玩樂而不失品。

並且「真禮」是必有客觀科學理由。禮必有理，在書中會一一解說讓你擺脫過去對無理的虛禮的舊印象。並且有理的真禮是不被逼，自己會自動積極想做。

真「禮」講什麼「理」？

①紅綠燈，沒有特權例外

國際禮儀法典Protocol就像交通規則的紅綠燈，無論身分、地位人人必遵循。不像台灣大人物就可以堂堂遲到，好像守時會眨低自己或在立法院亂停車等等。守禮就是守理，是人的文明度的指標。

②禮儀的背後都是客觀科學

以餐桌規矩為例，每個餐具的正確用法和每道菜的正確吃法都是基於科學。是最有效率、最美觀的餐具運作和吃出料理的價值的方法。

所謂「風度翩翩」就是這禮儀動線的ＳＯＰ做得順暢自如。所以懂禮儀

SOP不是要你裝聖人，改個性，你仍舊可以豪放、搞笑、率真，只是多了一技之長。禮儀不是禁慾，是駕馭。

禮儀和究極的品味全是科學

- 為什麼麵包盤一定在左邊，水和酒杯在右邊？
- 為什麼切牛排要從左下角開始切？
- 為什麼雙手腕靠桌邊，坐姿就會美？
- 為什麼入座要從椅子的左邊入座？
- 為什麼坐姿好，肉就會切得輕鬆？
- 葡萄酒搭菜餚有沒有簡單的法則？
- 為什麼用不同形狀的酒杯酒味會不同？
- 為什麼一定要點前菜？
- 湯往裡舀，往外舀，雖然只是英式、法式之別，但是背後的心思是一樣的？

你也會發現西餐禮儀和日本料理禮儀以及品味的方法有許多共同點，這就是意寓：即使種族文化不同，人體工學的構造、人的味覺生理反應，肢體語言的心理學、餐具操作的物理學、食物的化學變化、視覺上的美學都是共通的。禮儀規矩，以及正確的吃法就是基於這些法則原理，是為了使你方便和吃到美味的巔峰。這是百年來累積出大數據所得的智慧和感性。

陳姐姐分析出禮儀和品味的科學：

◎人體工學：刀、叉、匙、杯等餐具怎麼拿才方便又有效率的進食；為什麼坐姿好牛排會切得輕鬆；為什麼要從椅子的左邊入座等等，這些不是故意想出來要束縛你的規矩，而是依人體工學，為最方便的方法。做做看，身體會告訴你為什麼。

◎生理學：葡萄酒如何搭配菜餚的原理和廣式飲茶一樣（書內詳述）。好不好吃雖有主觀和客觀的成分，而客觀的部分是占絕大部分，因為味覺的構造是人類共通的，也才會有「米其林評價」供全球參考。西餐和日本料理點菜的法則一樣，也就是基於人類共通的生理學。

◎心理學：文明人的指標是：會在乎其他人的感受。自己的吃相舉止粗雅的觀瞻自己看不到，但是會影響到其他人的心情。希望哪一天你會被共餐的人說：「看你吃飯是一種享受。」

◎物理學：刀、叉拿法的力點、支點是手掌上的一個力學。日本標準的筷子拿法，刀、叉用得有效率又優雅就是力學上正確。

◎化學：酒杯如同化學實驗的試管。用錯杯型，就喝不到葡萄酒的美味真髓。試酒、品酒也都是一門化學。

◎美學：「美」也是有客觀科學性。視覺上的黃金比例是一：一．六一八，這就是金字塔，電視的尺寸是四比三，是視覺上最穩定、最舒服；莫札特的音樂可以流傳百年仍受全世界喜愛是因為和音多，和音就是使人聽了舒服。同樣的，餐桌上的舉止會令人賞心悅目，覺得美、覺得舒服也都是有人類共通的美感。

真正的美食家必是「品」和「品味」兼具。究極品味的方法是具科學的法則。掌握了法則就不用死記、可以觸類旁通，活用於一切。

Chapter 2.

餐廳內順暢的互動，以及基礎知識

從餐廳進門、衣帽處、入座、點餐、點酒、進食到付帳離席，你的每一個動線以及和同伴和侍者的互動都高雅又順暢，一個愉快成功的會晤是你擁有這些文化修養為背景。

1. 從進門到桌位——風度翩翩的互動流程

從門口到桌位一連洗練順暢的舉止，
尚未開幕就已呈現一個社會人的造詣了。

預約時可以再要求多一點

若是有特別的事由或要招待貴賓，預約可以更客製化一點。首先對座位，可以要求一個較安寧、私密的角落的位置或是靠窗賞景；或是有坐輪椅、行動不方便的年長者，在預約時事先告知，到了餐廳就不需要再手忙腳亂，今晚就順暢開幕了。

有些店家也會配合事由，若事先告知是為慶生或是什麼特別的日子，會在桌上插玫瑰花或是在飯後突然全場熄燈，接著端上插著蠟燭的蛋糕，這個小驚喜也會給全場的人帶來歡愉的共頻共振。

從門口到桌位男女的互動

若是上正式的餐廳，進門後首先將身上大衣、帽、圍巾、傘、物品全部寄放在衣帽處。男士要替女士從後方幫忙脫下大衣。女士只帶小皮包或是披肩入廳。

不帶著衣物入座的意思是除了保持靜雅的氣氛之外，也是不把外面的塵樸帶進來，是衛生上的意思。

當侍者帶位走向桌位，讓女士跟在侍者後面，男士在女士後面當護花使者。對長輩上司亦同。

上、下位不能錯——社會人基本的常識

餐廳一坐就是約兩個小時，如果上、下位弄錯的話不只整晚氣氛不對勁，甚至可能誤以為你不尊重他而影響今後的公、私人際關係。上、下位的分辨是社會人必需的教養，也是平常可以培養的一種腦的習慣。

你有信心和朋友、同仁、客戶一到座位，立刻可依長幼、男女、公務上的立場，辨識出誰該坐哪裡嗎？

首先，上、下位置如何辨識？

這用一般心理學就知道了↓上位是指安寧、不受騷擾的位子，也就是靠牆、靠角落，不在走廊邊、離門口遠、離廁所遠。面對窗外美景的位子也是上位。

所以如果男士讓女士坐在走廊邊的位置，自己做靠牆的雅位，周圍的人會覺得「這位男士不太懂事……」。

歐洲的高級餐廳有時候會刻意將亮麗高雅的客人安排坐在大廳的中央「供大家欣賞」（這也就是陳姐姐前述，一個餐廳的高級氣氛是來自於客人的質感）。正中央的位置雖然較沒有隱私但是個榮耀的寶座，希望你哪天也能坐上此座。

2. 男、女優雅順暢的就座

在多人的餐會上座位並排，大家要同時入座時，依國際禮儀法典（Protocol）是一律從左入座。禮必有理，請讀者想想它的理由是？

入座從椅子左邊的人體工學原因

多數人並排要同時入座時，若沒有左、右的規定，大家不就會擠撞在一起？所以國際禮儀規定一律從椅子的左邊入座。

為什麼？因為大多人的右手是慣用手，所以站在椅子的左方，自然用右手拉開椅子。

餐桌禮儀許多是基於「右手是慣用手」的人體工學為主。這並不是歧視左撇子，因為大多數的人右手是慣用手是有科學理由：

人在母親的胎中到了分娩的後期，三分之二的胎兒是頭部的左耳貼住母親的背骨脊髓。母親做家事、走動時的聲音和震動會刺激胎兒左邊的感官，因此大多人是以左邊、左手、左腳為支柱邊，以右手、右腳為操作邊。

女士優雅的入座

當侍者或男士替女士拉開椅子時，女士會因為看不到背後的椅子怕坐了個空，或是擔心侍者將椅子往前送時腳會被椅腳撞到……。不必緊張回頭確認椅子，只要雙手輕扶著椅子把手就知道椅子在哪兒（如圖），然後配合侍者把椅子往前送的動作便可以從容優雅的就座。

女士的皮包放哪裡？

皮包可以放在旁邊的空位上，或是有專放皮包的小椅子。若沒有多餘的位子，皮包就放在自己的背與椅背之間，或是放在腿上、蓋在餐巾下面。

較大型的皮包可以放在右側的椅腳旁邊。為什麼是右腳邊呢？因為在正式的餐廳服務生是從客人的左邊上菜，這樣就不致造成妨礙。

絕不將皮包或物品放在餐桌上，桌面必須保持乾淨（有時麵包是直接放在桌上，後章述）。

紳士風度破表的一個小動作

雖然這只是個小動作，了解國際禮儀的女士看在眼裡心裡一定覺得「好帥♥」：

侍者帶位到了桌位，在替女士拉開椅子時，男士就站在自己椅子前等候女士坐定後才坐下。光是等這個三秒鐘，你的紳士度爆增三星級★★★。如此對待西方女性的話，她們心裡一定是：「Bravo!」（義文：讚）

3. 你的坐姿最影響餐桌氣氛

餐桌禮儀中最重要的是坐姿（這是誰都做得到的）。只要坐姿好，其他一些小錯誤都可以被容忍。為什麼？

坐姿是很重要的肢體語言，你的心情和潛意識全部顯露於此，比語言更重要。

你是彎腰駝背？懶洋洋的靠著椅背？還是腰背挺直、精神奕奕的面對著對方？你高不高興、積不積極想赴今天的會晤，你的潛意識從這些肢體語言透露出來的比你想像的更多。這當然會影響同伴的心情和餐桌的氣氛。

許多人容易犯的：雖然知道是無心冒犯，但是靠著椅背慵懶的的姿態會給人傲慢又無興致的感覺。特別是和長輩、上司或是在正式場合，椅背不能靠。

腰背直挺的坐姿是以丹田為中心的體幹核心肌群為軸支撐著。

一流的紳士、淑女是即使是和熟友、家人，無論是在速食店或路邊攤也一定就是這個坐姿，因為肌肉已經定型了。

並且以丹田為中心支撐反而能使肩膀放鬆。吃飯時硬聳著肩膀坐得僵硬會造成周圍的人緊張氣氛，這頓飯就不好吃了。

坐姿好，不僅是別人看了舒服，自己美麗，你更會發現，腰背挺直就不壓迫腸胃，能使消化順暢；並且坐姿竟然也會影響刀叉的運作（詳閱第4章的「牛排」一節）。

這也是人體工學，做做看，身體會告訴你為什麼。

4. 肢體語言的禁忌——手、腳怎麼擺？

圖中這位女士的姿態，任何人看了都會有好感，為什麼？
重點在於雙手的擺放。

手放哪兒？

圖中的這個姿勢是國際標準。為什麼這樣的肢體語言會讓人有好感？你看，當雙手腕靠在桌邊，有了支點上半身自然會挺直起來、往前傾。這姿態在視覺上是一個黃金比例。看起來美麗大方，上身稍往前傾會顯示出你對對方有誠意、積極性和好感。

禮必有理。雙手腕要靠桌際的禮儀是有歷史典故。在義大利中世紀的戰國時代，當時群雄並列，彼此勾心鬥角、疑神暗鬼，所以大家聚會用餐時規定將雙手擺在桌上顯示沒帶武器、毒藥。這確實是個光明磊落的肢體語言所以才會流傳至今。無論西餐、中餐，平時就將這個姿態定型。

絕對不要犯的是：用餐時手肘放在桌上！也絕不手撐下巴、撐頭！

腳怎麼擺？

人的品格在桌面下：請不要以為只要在桌面上舉止高雅，腳在桌底下沒人看得到就可以為非作歹？不，鞋子是脫下或是半脫不但聞得出來，隔壁桌用餐的人更是看得一清二楚，是視覺上非常不悅的光景。

腳也有品格，這幾點是男女共通：用餐時不翹腳、不抖腳、腳不伸長侵占別人的空間、不敞開雙腳。只要雙膝併攏、腳平放即可。不過吃完飯，酒杯、菜盤全部收走後，喝咖啡、餐後酒的時候就可以坐得輕鬆。女士姿態優雅的把手肘放在桌上，稍靠椅背、腳斜疊是ＯＫ的。

5. 和侍者有品的互動

餐廳「高級不高級」取決於侍者的素質。

侍者是客人和餐廳重要的界面

一個餐廳的「高級感」不是在於裝潢或是料理，而是在服務人員的質感。

在國外高檔餐廳的侍者有許多是上了年紀白髮鬢鬢，而他的風度、舉止的「紳士度」甚至勝過客人。再加上他的專業知識，對客人的料理的量或口味上會主動建議，比方：「我擔心您點的會不會過量？」「這道菜需不需分成兩人份？」在烹調上，若不太會點菜的客人重複了同一個醬料或做法（詳細在後篇），侍者也會很客氣的稍作提醒：「另一個菜要不要換個口味？」等等。侍者不是只是「端盤子」，是餐廳和客人之間重要的界面。

不只是在飲食知識上，歐洲一流餐廳的侍者絕對不會當客人之間在交談時理所當然的插話進來，會站在一旁等候時機，讓客人自然發覺。

另一個是高級餐廳常犯的一種「傲慢」。每端上一道菜，客人要吃之前必須洗耳恭聽侍者落落長地說明這每一道菜內每一個食材的產地出處，以為這樣做可以提高料理的「名貴感」？如果是從火星摘來的蘑菇、尼斯湖釣到的水怪的話，會很想聽，但不是，不過是×縣產的、×地抓的魚，而且主要是，在菜單上已經有寫了。比方在日本一家有星級的法國餐廳，不過是在超市就買得到的法國起司，也要高姿態的說明。若想要再強調就簡極。

歐洲入流的餐廳就是了解，再怎麼高級的餐廳，餐廳的角色只是個舞台和背景。再怎麼三星級超級名廚，懂分寸的人不會自認為是明星，因為他了解，再好吃的料理也不是主角，一餐飯最主要、最重要的是客人和客人之間的交流。

是不是一流的餐廳，在於有沒有這個心思。

「服務」是一門學問（在第10章的特集會細談「英式服務」），侍者是餐廳和客人之間重要的界面，是一個驕傲的專業。所以餐廳經營者也要具有「超越胃袋、超越吃」、重視形而上部分的價值觀。

客人和侍者的互動

客人和侍者有品的互動，首先是召喚侍者時，喊「喂」或是拍手、彈指頭都是粗。只要讓視線和侍者交會以眼示意，或用手輕輕示意即可。一流的店會教育侍者要隨時注意客人的動態。

男女同行時，由男士召喚侍者。

點菜時女士可以先告訴男士自己要點的內容，再由男士連同自己點的一起告訴侍者：「女士是點○○，我是點××。」

多人同行時就各自告訴侍者。如此侍者才會記得每個人點的菜。一流的侍者可以從點菜、點酒看得出今天是哪一位要作東，不會把帳單沒頭沒腦的放在賓客前面。

臨走時，對侍者說聲謝謝，或是說一句對料理等的感想，一餐飯就很溫馨地落幕。

6. 餐巾何時拿取？

瀏覽過一個部落格寫著：「陳弘美說：『一就坐，何時取餐巾，定生死！』」我是沒那樣說啦，不過謝謝她，餐巾確是可以顯示出餐桌的造詣。

餐巾是從一坐下來到餐畢離席都會不斷的使用，所以用法的對、錯很顯眼，在下一章詳細說明。在此先談何時拿取餐巾。有幾種看法為：

A.一就座就拿取餐巾，攤開在膝上。
B.看完菜單、點完菜之後，才拿取餐巾。
C.等到菜端上桌時才拿取，不然會像急著要吃、在催促上菜的樣子。

正確答案：是A。B與C已經過時了。

就座後稍定一下心，就拿取餐巾攤開在膝上。這並不表示「我快餓死了」，因為餐巾的崗位本來就是在膝腿上，這只是各就各位。也表示要和同伴開始共度時刻的一個小儀式。餐巾擺在桌上，和對方之間總像有一個障礙物，所以盡快將它「擺平」。

要注意的是，餐巾由女士先取，之後男生才取。所以，女士不動的話誰都動不了。淑女是不好當的，是要有知識、有責任的哦！

但是宴會上就不同了。要等主人、主賓致辭完，乾杯後，主人和主賓拿取餐巾方能拿取。

餐巾放回桌上的時機也要注意。要等主人、主賓表示散會，他們將餐巾放在桌上後，其他人才可以把餐巾放在桌上，離席。**簡單說，晚輩只要跟在別人後面做就行了。**

男士也要等女士將餐巾放在桌上之後才放。

禮必有理。為什麼用過的餐巾放回桌上要分誰先誰後？由此可以學到什麼樣的感性？先賣個關子，答案在本章第十節。（更多的餐巾用法在下一章）

7. 點菜的品味有法則

「請你替我點吧！」吃中國菜時可以這麼客氣的說當個甜女人，但是吃西餐也這麼說的話，會令人莫名其妙。西餐是各點各的，各吃各的，所以會不會點是「自食其果」。點菜是有邏輯。點菜的品味也是個餐桌文化的造詣。

陳姐姐與其說是愛吃，應該說是愛點菜，因為點菜實在是個藝術↓如何用有限的音符內編織成一支美曲（在有限的幾道菜內做出最美味的組合）。擁有這些知識會使你今晚的餐桌劇本更豐富。

陳姐姐在《日本料理餐桌禮儀．究極品味的科學》內有非常努力說明：「以吃中國菜的吃法吃日本菜是錯過了美味真髓」，西餐亦同。

就點菜的方法而言，因為中國菜幾乎每一道菜都是重口味，濃淡的層次感的差距不大，所以一般點菜的觀念上並不太注重「主菜」、「前菜」之分。

即使客人有分，餐廳也不分。不要說一般的餐廳甚至高級中餐廳對上菜順序也完全置之度外，比方青菜先炒好就第一個上桌，這是當開胃前菜？「前菜」的特性是什麼？意義是什麼？上菜為什麼要有順序？為什麼亂上菜會減損美味？這是一個人類共通的生理學。「上菜的順序」是西餐和日本料理的品味關鍵。

點菜，是吃西餐的一大樂趣。

因為吃中餐點菜時不能太任性、要顧慮到同桌人的喜厭；而西餐是自己點自己要吃的。典型的「自食其果」愈會點，整頓飯就愈好吃。

「會點菜」的四個重點：式樣、順序、分量、口味的變化。

首先，點菜不必急，這個思考的糾結就是個享受。餐前酒就是這個功用，讓你一邊啜飲一邊慢慢「欣賞」菜單。

是的，菜單是用欣賞的。特別是第一次造訪的餐廳，光是看菜單的菜色和字體，似乎就可以猜出這家餐廳的感性和廚藝水準。這不是通靈，因為有一些是高難度的菜，比方義大利菜的燉牛腿骨肉（Osso Bucco），肉要軟，但是骨頭內的髓是精髓不能流失。「敢」做這個菜、做得好，那麼其他的菜的廚藝也可以放心了。

有些店除了正規的菜單，一些菜是寫在小黑板上，侍者拿著小黑板到每一桌。這樣的店幾乎可以保證好吃，因為寫在小黑板的意思是，每天進的食材不同，大都是當天最新鮮的。也顯示廚師的廚藝有信心可以應付全方位。

接下來就看自己的點菜功夫了。不過請放心，在式樣上可以選點套餐（menu）或是自由點（a la carte）。沒有信心自由點，或是第一次造訪的餐廳可以點套餐。

最正式的法國料理套餐：

①鹹點心（amuse gueules）
②前菜（hors-d'oeuvre）
③湯（soupe）
④魚（poissons）
⑤第一道肉（entrée）
⑥冰沙（granite）
⑦第二道肉（gibier 燒烤野味）
⑧起司和紅酒（fromages）
⑨甜點和咖啡

MENU

Amuse-bouche

甜菜根慕斯、開心果脆片
Beet Root Mousse & Pictachio Crust

Apprizer

甜蝦襯田門、伊比例火腿
Sweet Shrimp Served with Green Peas & Iberico Ham

Soup

松露蘑菇羽絨湯
Truffle Mushroom Down Soup

Main Dish

爐烤法式羊排
Roast Lamb Chops

9+澳洲和年
Roast Australian Wagyu Beef

Dessert

藍莓乳酪、新鮮水果
Blueberry Raspberry Chesse & Fruits Platter

Coffee or Tea

一般不會這麼隆重，會省略其中一道肉和冰沙。

點套餐的好處是：

- 套餐的特色是菜道多、每道量少，所以第一次造訪的餐廳可以品鑑到多樣的廚藝。
- 廚師拿手的招牌菜和當季的旬物一定會包含在內。
- 套餐乍看是固定的菜色，但是也可以有彈性的，比方如果要節食，可以換個烹調法，請廚師將炸改成煮；或是不吃羊肉的人換成牛肉；生魚改熟魚等等，都可以商量。有時或許要加錢。

自由點的小法則

對品味有自信的人不妨多和菜單玩一玩，自己組合菜色。

自由點的骨幹就是如同諾貝爾晚餐：前菜、主菜、甜點。胃口好的話就「節外生枝」，再加個湯或沙拉、義式麵飯類等。

只要注意幾個小法則：

❶前菜一定要點

在歐洲的餐廳只點一道菜的大多是美國人。歐洲的每道菜的量是依據兩、三道菜的組合考量的，不像在美國，點了麵，就來一桶；點了牛，就來一隻。

前菜是一餐飯的序曲。**一定要點前菜的原因**：第一，前菜是廚師最富創意的一道菜。前菜的量少但有許多材料在內，也是廚藝的精華。

並且前菜就是會刺激食慾、促進胃液分泌的「開胃菜」。

第二，廚房準備主菜需要時間，所以客人先用開胃菜，作業會順暢。

❷量，要配合同伴

和朋友吃飯不論各自點幾道菜，一流的餐廳會安排在同一個時間上主菜。因為主菜是一餐的高潮。隆重一點的話，主菜會蓋上一個銀蓋，由數位侍者同時端上給每一位客人然後一齊打開銀蓋，是一個點亮主菜高潮的儀式。因此點的菜數不要和同伴差距太大，如果自己正在節食吃不下多道菜，主菜之前就點個輕量的湯、沙拉，以配合別人的時間進度。

要不要甜點？這等用完主菜和肚子商量後再決定。

❸量，可以調節

西餐是各吃各、不分食共享。若想兩人分食，點菜時就先吩咐：「這一盤分成兩人份」。在正式餐廳，絕對、絕對不可以端起盤子交換。

實在是「罕見的美食」想要分享，就切一小塊放在對方盤內，不要大動作。忙來忙去的樣子很難看又騷擾。不要為吃、喝起鬨。

菜單看不懂怎麼辦？

如同外國人看中國菜單上的「螞蟻上樹」、「擔擔麵」、「佛跳牆」是丈二金剛摸不著頭腦一樣，我們看到西餐菜單上的：熱那亞Génova風味、米蘭風味炸小牛排、惡魔風味稚雞、威尼斯牛肝、娼婦風味、羅西尼風味……。菜單上有任何看不懂的完全不必不好意思，就問到懂為止，餐廳非常歡迎有此交流。不要因為不懂而不點就錯過了可能是你喜歡的。

西餐菜單和中餐不同的是，西餐的菜名很長很詳細：肉是什麼部位、烹調法、醬料、風味和配菜都寫得清楚。甚至義大利不愧是情聖大國，菜單上會標明有沒有大蒜味，這樣你就知道飯後可以做什麼，不可以做什麼☺。

常見的菜單用語

- 熱那亞Génova風：義大利北部的海港區盛產羅勒，是青醬味的意思。
- 勃艮地風味：雖然法國勃艮地也產紅酒，但大都是用白酒烹調的意思。
- 米蘭風味炸小牛排：用錘子將牛肉敲扁成薄平狀，非常柔軟。
- 威尼斯牛肝：用香檳煎的牛肝。
- 惡魔風味：使用大量胡椒。
- 娼婦風味：使用鯷魚醬。
- 羅西尼風味：羅西尼（Gioachino Rossini）是義大利著名歌劇作曲家，作品有《塞維利亞的理髮師》（*La Cenerentola*，義大利版《灰姑娘》）等鉅作。他也是著名的美食家甚至在巴黎開了餐廳。他獨創的風味稱「羅西尼風」主要是鵝肝加松露。他是愛吃到「為了要飼養尋找松露的豬，我沒時間再寫歌劇了」，於是在三十七歲就結束了作曲工作，全心投入食的世界。

羅西尼風牛排在第4章詳述。

沒有標價的菜單怎麼點

有些高級餐廳呈給女士的菜單上不寫價格，意味：「別管價格，請你盡量點！」說真的，身為女士這不太愉快，因為這是在慷他人之慨，並且在這個新時代也有可能是女士請客。即使是男士請客，女方不想給男士太多負擔或欠太多人情的情況也是有的。這時的要領是，菜單的價格大多是愈往下的愈貴，依此判斷價格的高低。不要天真得都點最貴的，免得沒有下一次。

8.

慣例可以打破——點菜的小技巧

如何在有限的音符內編織成一首有韻律、有節奏的美曲？
這就是點菜的藝術。

一般點菜的技巧

菜單一拿來，密密麻麻眼花撩亂……，別慌，菜色再多也是一個法則：先決定前菜和主菜。

一般是先從前菜欄開始想，決定之後再想主菜。不過倒過來也可以，比如看到主菜裡的烤雉雞對了胃口，前菜就點蝦、貝、海鮮類。決定前菜、主菜的主幹之後，覺得今天工作過勞要好好的補一補，就再「旁生枝椏」再加個湯、沙拉、麵、飯類等。

菜色活潑的組合

在食材方面，重點是：變化多，不重複食材。比方「海、陸、空」的組合。在口味方面，法則是：不重複一樣的口味醬料、不重複同樣的烹調法。這和吃中國菜一樣，例如前菜點了蝦子，主菜就不點蝦。若前菜點了番茄章魚，就不點番茄口味的義大利麵；第一道是白酒風味，第二道就不重複。

烹調方式也要有變化，比如先清後油、先生後炸、有硬有軟、有乾有濕，一餐飯才會強、弱、濃、淡有韻律節奏感。

當旬的食材

一年只有在一季短短幾個月，甚至幾週才有個當令的旬物（中國曆是十天為一旬）。在餐桌上可以感受大自然的恩典，也可以最旬的食材為第一考量，再依此想其他的配菜。

「今日主廚推薦」

「世界上什麼魚最好吃？」

「今天抓到的魚最好吃！」

誰都料想不到今天什麼魚會上鉤，所以靠近海邊的餐廳菜單上會有「Today's Catch」（今天抓的）。

點菜時先向侍者詢問是什麼魚？多大隻？什麼烹調法？有關做法，可以指定煎、煮、烤、炸或生食。不過這捕獲物的脂肪量各有千秋，烹調法因此而異，所以還是聽聽主廚的建議。

點菜的慣例可以打破

掌握點菜的原則後，就可以多和菜單玩一玩，不用墨守成規。以下是幾個可以打破慣例的玩法：

◎正在節食，但是照西餐規矩必須點兩道菜以上才行，怎麼辦？這時點兩個前菜也無妨。順序是：先淡後濃、先清後油。點菜時，可指示侍者上菜的順序。但是這只限於午餐和非正式的場合。

◎西餐是各吃各的，不像中餐是大家共用一盤，但是如果想多嚐幾道菜，可以在點菜時吩咐，將麵、飯或是主菜分成兩人份。若是同伴不想吃的話，你可以只要二分之一的量（但是價錢不一定是二分之一哦），一些餐廳有此彈性服務。

◎飯後的甜點、咖啡不是非點不可，因為有人怕胖，有人怕睡不著（咖啡因）。若還有剩些紅酒就點些起司繼續飲用。義大利人喜歡喝酒精濃度四十度的Grappa（格拉帕，義式白蘭地）當餐後酒，東方人大多招架不住。也可以單點一杯紅酒，也能幫助睡眠。

不過，「打破慣例」的人是美食通還是鄉巴佬？那就看你其他的禮儀舉止。

9. 餐前酒（Apéritif）

餐前酒法文叫 Apéritif，拉丁語源是「開始」的意思。目的是打開味蕾，促進胃液分泌，如此更能享受接下來菜餚的美味。並且大家上餐廳時大多已經飢腸轆轆，喝一點酒，血糖上升也可以提提神。

若同伴遲來，可先點餐前酒慢慢啜飲消磨時間。

餐前酒的一個額外好處是，一杯顏色、杯形美麗的酒放在面前應景，幾乎任何人都會萌生「美女、帥哥」的氛圍。

若不想飲酒不必勉強，也有不少無酒精的餐前飲料，就如此告訴侍者。

飲用餐前酒的習慣在亞洲不大普遍，原因可能是對「吃飯」的基本感覺不同，亞洲人比較急著填飽肚子，比方在台北的餐廳晚上八點半還在慢慢吃的大概都是歐洲人。這不是有沒有時間的問題，而是精神上的餘裕和品味。注重生活品味的人在餐廳吃飯目的不光是為「飽」，從點菜、點酒、進食、和同伴交談，每一個過程都是吃飯的愉悅。

吃飯的目的是要和同伴共度一個時刻，所以愉悅和高潮不是拖愈長愈好？慢慢啜飲著餐前酒，一邊細細的欣賞菜單思考今天菜色的組合和葡萄酒的搭配，不必像逃難似的急急得塞飽肚子。

普遍的餐前酒

- Sherry：雪莉酒，西班牙產的葡萄酒，乾辣的 Dry Sherry 是普遍的餐前酒。
- Kir：基爾酒，乾辣白葡萄酒為底的雞尾酒。
- Kir Royale：皇家基爾，以香檳混的雞尾酒。
- Gin Fizz：琴酒＋檸檬＋蘇打。
- Dry Martini：不甜的馬丁尼，最具代表性的餐前酒。
- 其他：香檳或是類似香檳的氣泡酒 Sparkling Wine 等。也可請餐廳介紹自家招牌的餐前酒。

餐前酒的小常識

◎餐前酒的酒精濃度不宜太高，約十度左右。
◎甜雞尾酒是餐後飲用。
◎威士忌等烈酒也是餐後飲用。
◎餐前酒不喝混酒，若要點第二杯，也點同樣的酒。
◎切記，餐前酒不能超過兩杯，因為這只是前奏曲而已。

把握自己的酒量是一個社會人基本的自我責任。喝餐前酒時要考慮之後進餐酒的量。酒不是為醉。喝酒是個品味，而喝醉酒是無品。

10.

一些小動作決定真假紳士、淑女

約會時，大家都想表現良好，有沒有一些動作誤以為「這樣做比較淑女、有女人味」？但是以為是文雅，其實是有傷大雅，以為是客氣，其實是小家子氣……

女士誤以為是「淑女」的動作……

有沒有誤以為這樣性感？

◎盛裝並不指濃妝，要赴正式的飯局想好好打扮並不是指要用濃香水和濃口紅。香水會打擾到他人的嗅覺、味覺。

在巴黎有些高級餐廳會擋下抹擦濃香水的女士。並有餐廳明言指出幾個世界著名廠牌的麝香香水不得入廳。

赴飯局香水的用法是，不要用在上半身，特別是不要用在手腕上。香水用在下半身，如腰部、膝蓋或是裙擺上。

◎性感的事出了餐廳再做，在餐桌上不騷首弄姿。撩頭髮或摸身體，是很不衛生的感覺。吃飯時，雙手一定要保持清潔。長頭髮的小姐千萬要注意，不要讓頭髮披散在桌上或是盤裡。

◎若擦了濃口紅，在吃、喝前先用餐巾輕按一下唇部，口紅就不會沾印到杯子。

◎女士們要去化妝室補妝要等到全餐完畢。如果實在是不安心的話，要等到主菜結束，上甜點前的空隙。

絕對絕對不在餐桌上塗口紅、梳頭。

有沒有誤以為這樣斯文秀氣？

◎女士優先是動線的順序，如果女方客氣不先開動的話大家都無法動。比方女士先就坐、先取餐巾；上了菜，女士要先取刀叉，妳不拿的話，大家要餓著肚子等。

◎有沒有裝小乖乖把雙手放在膝腿上？（雙手腕要大方的靠在桌邊上）只有在試酒的時候才請男士先品酒當「敢死隊」。點酒也交給男士表現。

◎有沒有食物分段咬食，不一口放進嘴裡？（食物切成一口大，一口吃下。分段咬食反而是粗相）

◎有沒有裝斯文、不全部吃完或吃太慢？（自己盤內的食物要全部吃乾淨。熱的就要趁熱吃，進食速度太慢也是土）

◎酒杯上印了口紅，有沒有用手去擦？（若印上去了就沒辦法，用手或餐巾去擦更難看。喝飲料之前用餐巾按一下嘴，口紅就不會印上了）

◎有沒有以為用雙手捧著咖啡杯、紅茶杯喝比較文雅？（日本式的茶杯是要如此，但西式是一切用單手）

讓女士心動的紳士造詣♥

紳士造詣並不是什麼艱難的工程，國際禮儀法典Protocol有明確的規矩。主要是展現出你是「會替別人著想、有寬闊心胸和視野的人、不是只顧自己、和你在一起有安全感」。紳士的文化度也就是現代都會型的「雄性」。

紳士風度破表的小動作

- 一進餐廳，協助女士從後面脫下外套大衣交給衣帽處。
- 入座時，站在自己的位子前，等女士坐下後才坐。
- 點餐時可以建議這家餐廳的拿手菜給女士。點菜時，男士問女士的點菜內容，由男士點。
- 桌上的餐巾要等女士先取，男士才取。
- 上菜後，先等女士拿起刀叉，男士才動。若有女士不懂

禮節遲遲不拿刀叉，可以點她一下：「請用吧。」就等這一兩秒，紳士度又破表了。

●只要女士一起身（比如去洗手間），男士也要起身；她回到座位時，也再起身，等她坐下才坐下。這是西方紳士的鐵律，東方人不習慣沒關係。但是如果和歐、美女士或女客戶共餐時做到這點，一定會對你另眼相看。

●餐畢離席時，先等女士將餐巾放回桌上男士才放。這一點很重要，理必有禮：用髒的餐巾放在桌上給對方看是很失禮，所以順序是由長輩、女士先放。另一個理由是晚輩或男士率先表態「我要走了」也是失禮。

以上的小動作不是光對正在追求中的女友，平常就對女平輩、女同事、女上司、長輩也都這麼做，就可養成「紳士習慣」。這習慣也是從小就可以教，比如陳姐姐的同學的兒子才六歲時和大家一起去吃飯，一坐下他就替每一個人面前擺放餐巾紙。

處處都先考慮別人是一個腦的習慣，也能開拓更廣域的腦神經元網絡。

11.

糗事、小意外發生時……

燭光搖曳，在甜蜜蜜的羅曼蒂克氣氛中你一不小心撞倒了酒杯掉落在地，怎麼辦？

在餐廳裡一切意外、糗事發生時，一個法則：裝作若無其事。侍者在處理時，照樣和女友談笑風生，不當一回事。雖然內心會覺得不好意思，但是餐廳很習慣這些意外，也是處理高手。

糗事發生時最糟的是大驚小怪、不知所措，或是自己也幫忙處理而被破玻璃割傷，事情更擴大。

糗事要壓到最低點，這不只是為自己，也是不驚擾其他客人的意思。若發生在女友身上呢？她打翻了杯子，侍者飛奔來處理，這時你要做的是：顧左右而言他。

侍者在處理時可以問她：「最近看了什麼電影？」讓她分心這個糗事，這才是紳士的作風。我自己的一個經驗：我一不小心碰翻了一個高腳杯，當然很糗啊！當侍者過來處理時，男伴開玩笑的對侍者說：「對不起，這杯子突然自己破了。」這個幽默立刻轉變了空氣。一點要提的是，即使杯子就掉破在你腳邊，也不要彎身去撿。因為第一，危險。就讓專職人處理；第二，餐廳的人一定眼光都投過來，而你又彎下腰去撿的動作很大（你自己不察覺），這下又會吸引更多的目光，是傷口上撒鹽，也騷擾餐廳的優雅氣氛。所以幫忙處理並不是好心，而是沒顧到整體大局。

將心比心，若別桌發生了意外糗事，盯著看是既土又失禮。不看，才是愛心。又比方進食中，你的同伴嗆到、噎到都是常情，也只是短暫，不必大驚小怪的關心：「你怎麼了，沒事吧？」反而令別人更糗。別盯著看她噎、嗆時的醜態，反而專心的吃（甚至陪她一起咳），待她鎮定下來才問：「要喝水嗎？」再繼續聊下去。

無論糗事是你或是她，都低調帶過去。

12. 付帳的美學

●不少人會問我，男女約會時是應該由男士負擔，還是分帳呢？對不起，這是如同你們床上的事，只有你們之間的默契，第三者管不著。朋友之間的話，歐、美、日人都是很阿莎力的各付各「Go Dutch」。這時就先在桌上算清，再由一個人去付帳。不要在櫃檯前面七嘴八舌的加減乘除。

●高級餐廳則大多是在座位上付。在國外要付帳時就說：「Check, Please.」「My bill please.」。

●付錢的時機是受邀的客人去化妝室時是最好。若對方沒動靜，可以提醒：「我們要走了，要不要去化妝室？」她大概了解意思。

●在美國餐廳，小費約十％～十五％，三星級是二十％。歐洲也差不多行情：

・咖啡店只喝咖啡：約〇．二～〇．五歐元。

- 咖啡店吃簡餐：二～三歐元。
- 一般餐廳（Bistro）：五歐元。
- 正式餐廳（或一星級）：十歐元。
- 華麗二星、三星級餐廳：二個人五十歐元，四個人再加一．五倍。

◎若要用信用卡付包括小費，在sub total/sum欄是飲食的費用，加上小費後的總額填在下面一欄的total。

◎小費若是要給特定的服務人員，一個很瀟灑的給法是將紙鈔摺四半，臨走時和對方握手趁勢塞到他手中，並說聲謝謝。給小費的舉止是愈低調愈有品。（不要用硬幣哦！）

◎若是去櫃檯付，男士在付錢時女士要在哪裡？做什麼？

這個距離感需要拿捏：女士緊靠著男士看他付多少錢、看他用什麼顏色的信用卡，這樣不太有品；但是離太遠，甚至到外面等的話又一副「你去付吧，不關我的事」，這種理所當然的態度也不好。

最好的位置是，在門口和櫃檯之間的距離，若即若離。門口有位子的話就坐著等待他過來時向他道謝。

Chapter 3.

每一個餐具的正確用法

正確的用法就是使你達到：
最有效率的操作餐具、最美觀的進食儀態

銀光閃閃各式各樣的刀、叉、匙；酒杯又有大、小、圓、長……；不少人看到西餐餐具浩大的陣容會被嚇住，哪道菜要用哪一個餐具？請放心，其實這只是虛張聲勢，但不是為了唬人，全是為你方便而有的。雖然種類多，但是完全不必費腦筋想。

1.

餐具的名稱及各自固定的位置

不同於中餐，西餐和日本餐的每一個餐具都有固定的位置，拿起來用後絕對要放回原位。

13. dessert spoon　甜點湯匙
14. water glass　水杯
15. champagne flute　香檳杯
16. red wine glass　紅酒杯
17. white wine glass　白酒杯
18. sherry glass　雪莉酒杯

1.	salad fork	前菜用叉	7.	fish knife	魚用刀
2.	fish fork	魚用叉	8.	soup spoon	湯匙
3.	dinner fork	主餐叉	9.	salad knife	沙拉刀
4.	soup bowl	湯碗	10.	bread plate	麵包盤
5.	service plate	服務盤	11.	butter knife	奶油刀
6.	meat knife	肉用刀	12.	dessert fork	甜點叉

2. 入門的基本用法——餐具多但是不必費腦筋

西餐入門的基本用法

相較於中餐的餐具只有一雙筷子，西餐餐具是琳瑯滿目的一整排……。請放心，雖然數目多，但是只是將每一道菜要用的刀、叉、匙一併擺出來而已。

並且哪一道菜要用什麼餐具也完全不必費腦筋。餐具是按照上菜順序排列的，每上一道菜就從最外側的左、右一副刀叉開始用（如圖）。吃完後刀叉放在盤子上，侍者會連盤子一起收走。

即使用錯也沒關係，當客人用錯刀叉，有素質的侍者會很低調不動聲色的再拿來，不會讓客人出糗。

每上一道菜，刀、叉從最外面的開始拿。

在正式餐會有三、四個杯子同時上桌：香檳杯、水杯、白酒杯、紅酒杯。而酒杯又有波爾多酒和勃艮地酒的不同（第8章詳述）。這些也都由餐廳服務，不用擔心。

只要注意的是每一個餐具有它固定的位置，拿起來就要放回原位。杯類都是放在右前方，麵包盤在左邊，不要拿錯別人的。禮必有理，請讀者想想為什麼杯類都在右、麵包在左邊？答案在後。

從小要教

最基本的禮儀，再度提醒

1. 拜託，喝湯、咀嚼絕不出聲。不打嗝。不碰撞杯、盤，刀叉要輕放，不刮盤。
2. 坐姿直挺，不靠椅背。雙手腕輕靠桌邊。手肘絕不放桌上。
3. 絕不埋頭吃飯，額頭保持朝前方。
4. 講話時不揮舞刀叉，或用刀叉指人。刀、叉豎直對著天花板也是很沒有規矩。

5.不一邊咀嚼一邊說話，嘴內的食物曝光很噁心。咀嚼時緊閉雙唇（需要練習）。

6.吃完的盤相很重要，要整理乾淨。

7.在正式餐廳，不移動餐盤，不和同伴交換餐點。

以上雖然是基本，但是都做到了，上什麼場合都可以信心十足！從小要教的習慣。

3. 刀、叉的擺法是個信號——英、法之爭和我們無關

刀、叉是除了切割之外，它的擺法是一個「信號」，告訴侍者我是暫時休息還要繼續用，或是我不再用了請收走。

擺法有分英式和法式（大陸式）之分（圖❶～❹）。

但是英、法之爭我們不必參戰，用哪一個都ＯＫ。只要切記兩點：刀刃要朝內，刀、叉要併攏。

另外有一種非正式擺法，在歐美的鄉村、

英式：休息時擺法。

英式：用完的擺法。

法式：休息時擺法。

法式：用完的擺法。

大眾化食堂，從頭到尾不論幾道菜只用一副刀叉。盤子收走，用過的刀、叉仍留在桌上繼續用下一道菜。不要把刀貼在桌面，將刀口放在叉齒間，刀刃朝下（如圖）。

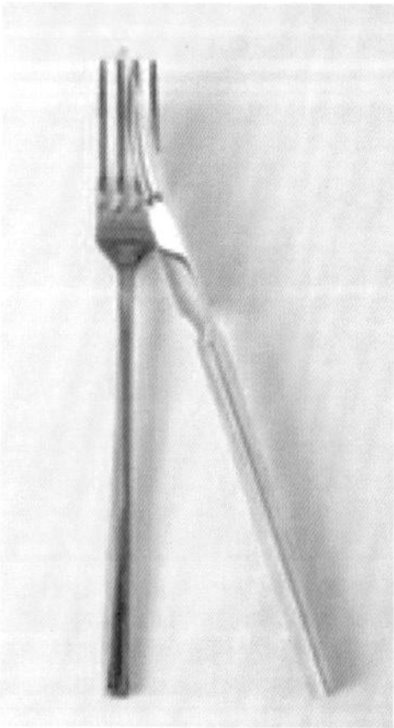

刀、叉的歷史

歐洲食的文化起源於義大利。一五三三年義大利翡冷翠郡主梅迪奇（Medici）的女兒凱薩琳嫁給法國國王亨利二世時，帶著自己的廚師和大批的銀製刀叉餐具（cutlery）去法國，這是法國人頭一次見識到：「哇！原來吃飯要用餐具哦！」

因為在「食器時代」之前，法國人仍處在「石器時代」，王宮貴族都用手抓著吃，或是刀上叉著肉整塊啃！那一年法國人第一次看到叉子和湯匙的餐具。

餐具的用法也是凱薩琳王妃制定的「五十個餐桌規矩」奠定了餐桌禮儀，之後傳遍歐洲最後到英國。但是就像今天英國不肯加入歐盟一樣，英國也獨創自己的風格，用法不同於歐洲大陸。

4. 刀、叉的用法——也不必參戰，效率第一

叉子的用法，彈性使用

你覺得叉子的「正面」是凸處？還是凹處？

英國和法國對這一點又鬧意見了。

先說為什麼分辨「正面、背面」是這麼重要。

日本人的話立刻可以了解，因為日本也是非常重視「正面、背面」的感性；表（正面）是朝向他人以示尊重，裡（背面）是朝向自己以示謙卑，詳情請參閱《日本料理餐桌禮儀‧究極品味的科學》。在下一章會說明湯匙是要往內舀還是往外舀，這就是重視正面要朝別人，背面是朝自己。這是歐洲人和日本人都很在意的感性。

英式認為叉子的正面是凸面，所以不論食物是圓滾型、是濕、是散，都要

放在叉的凸面上（要按壓一下），不能散落。讀者可以試試，這不太容易。這種不符合物理學的用法終究不成為世界的主流。

法式、歐洲大陸認為凹面是正面，但是也彈性的依食物的形狀、性質，用手指翻轉使用叉子的正、反面：

- 固體的肉塊就用叉尖插著（如圖❶）。

細小、鬆散的食物：

- 右手用刀將食物推盛在叉子凹部（圖❷）。
- 麵包也有「餐具」的功能，右手拿著小塊麵包把食物推到左手叉子上（圖❷）。
- 豆類和飯等容易散落的食物，先輕壓一下，再盛在叉上，可單用右手拿（圖❸）。

❶

❷

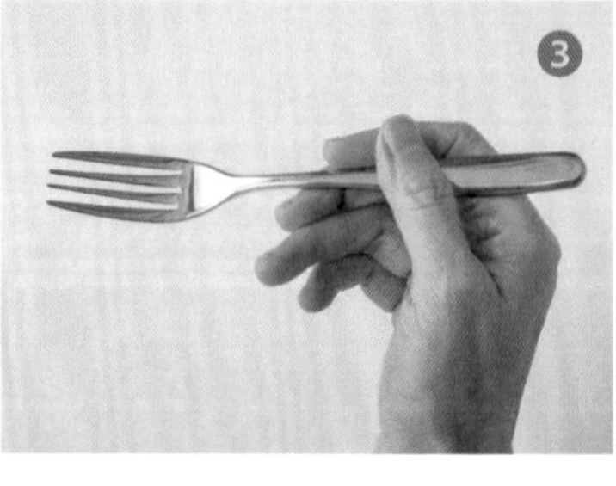
❸

刀的用法，力道放在指尖

依食物的軟硬，刀的拿法不同。

切肉、切硬菜梗等指尖要使力時，**將食指放在刃背上**（如圖❹）就好切了。

吃前菜或是柔軟的肉醬、魚肉，不必用力切鋸就輕鬆高雅的如拿鉛筆似的拿法（如圖❺），不過用一般的拿法也沒有錯。

另外切魚時用鉛筆似的拿法的理由是，除了魚肉鬆軟之外，魚刀為了要區別肉刀，刀柄上會有雕刻花樣，所以鉛筆似的拿法就不會遮掩這個藝術品。

力道放在食指尖上。

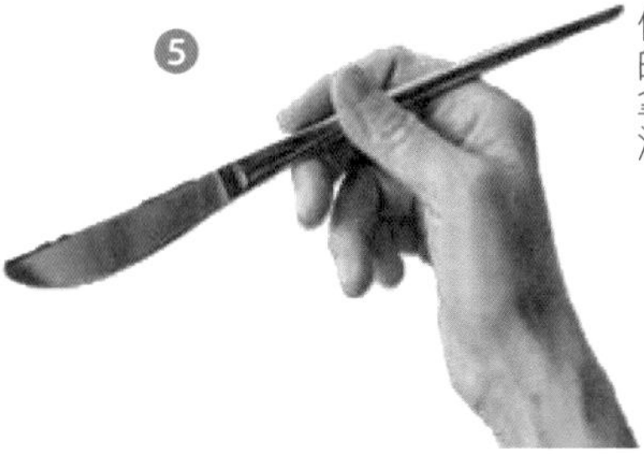

不必用力鋸時，可用鉛筆似的拿法。

5.

公用叉、匙——一個貼心的小動作增添你的高級感

大家會共用一盤菜必是在輕鬆、非正式的飯局，然而公用的叉、匙，和取菜的舉止會呈現出一個人的家教修養。

一些人會用單手操作匙和叉看起來很酷，其實一般人不需要會，因為那是服務業者的專業技巧。男士會單手操作的話就讓他秀，但是女士不必拼當「老練」或「專業」，就用雙手：右手匙在下盛著菜，左手用叉按著（圖❶），放到盤子裡。

要注意的是，每拿完一次，要將盤內剩餘的食物聚集在中央，這樣不僅保持盤相美觀，也方便下一個人拿取。

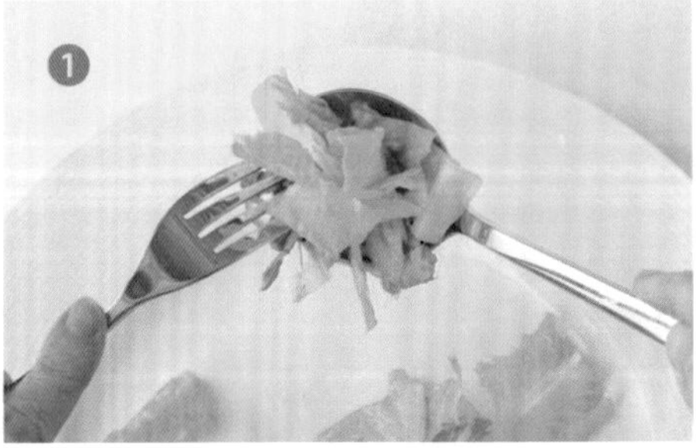

右手拿匙、左手叉子按住菜。

拿取後，叉、匙放回盤內的擺法為：匙和叉重疊，面朝下，匙蓋在叉上面（圖❷）。

取完菜後，叉、匙重疊、翻面朝下，匙蓋在叉上。

一個貼心的小動作：自己取完後記得把叉和匙的握柄朝向同伴，以便他拿取。如此，一個人的修養、高級感完全不同。

吃完後，匙和叉重疊，面朝上（圖❸）。

吃完後，叉匙重疊朝上。

6. 洗指水——洗到手指頭的哪裡？

需要用手指頭的食物，侍者會端上一碗漂著花瓣或是檸檬片的洗指水。

鴿肉、鵪鶉等小型禽類的骨頭細短，較難用刀剔下肉，所以餐廳會「鼓勵」你用手拿起來吃細縫裡的肉。但是盡量不要。所謂「紳士、淑女」不是只有表面的樣子，是有真材實料，再怎麼麻煩的食物都會用刀叉處理。並且無論男女，啃食的樣子是個難看的貪吃相，在正式場合更是免談。陳姐姐在後頭會教你如何用刀、叉吃得巧妙又高雅。所以即使附上了洗指水，不用才是最高竿。

不過帶殼蝦子、生牡蠣等就要借用手指頭，需要洗指水了。

洗指的要點是：別把整隻手全部浸下，只洗三隻指頭，只到指頭的第二關節處。要做得輕微低調，不要洗得唏哩嘩啦。洗完後手在膝上的餐巾擦乾。

最好看的做法

7.

魚刀匙最令人霧煞煞——它才是真正的「二刀流」

魚刀匙英文sauce spoon，法文gourmet spoon，是「新食器時代」的餐具，只有約五十多年的歷史。它起源於一九七〇年代新式法國菜cuisine nouvelle，其特徵是醬汁不像傳統的那麼濃稠，變得稀薄，因此較不易勾芡住魚肉，所以發明了這既是刀又是匙的新餐具。

魚刀匙乍看是個怪怪的湯匙，左側是像刀刃般扁平。它可以切魚肉和舀醬汁，如同大谷翔平，它是名符其實的「二刀流」。

照片提供：Georg Jensen

魚刀匙最讓人霧煞煞的是，到底是要以刀還是以匙使用它呢？

在餐桌上有兩種擺法，有時和魚刀一起擺在右邊；有時它取代魚刀，獨當一面。

有刀的話它就是「匙」的功能。先用魚刀切下魚肉，之後魚刀放著，用這魚刀匙發揮「匙」的功能，將醬汁拌在魚肉上，然後像湯匙般的舀入口。或是左手叉盛著魚肉，用魚刀匙拌上醬汁，以叉子入口。

沒有魚刀時，它就發揮「二刀流」的功能：既可用它切下魚肉，又可用像湯匙拌上醬汁，直接得舀入口。

魚肉鬆軟，不必用力去「鋸」，所以，魚刀匙的拿法就像拿鉛筆似。

8.

餐巾的用法①——可以擦的和不可以擦的

從餐巾用法可以看出你的餐桌文化的造詣。餐巾是個重要的用具，是你坐下來第一個用的，也是離席時最後放回的，整頓飯也會不斷的用上，所以用法的對、錯非常顯眼。

在歐洲正式的餐廳和場合的餐巾大約是七十五平方公分大，一般大多五十平方公分。使用前是擺在桌上或裝飾盤上。各餐廳有各種花俏的摺法，但是最正統的是最簡單又不留摺痕的疊法。高級的餐巾是使用純白麻紗的材質，硬挺度和質感與棉製的完全不同。但是再怎麼昂貴高級的餐巾，即使比你身上的衣料還貴，也不要捨不得用髒它，因為**餐巾本來就是拭髒的用品**。

● 餐巾正確的用法：攤開在腿上（圖❶），約摺起三分之一到二分之一（圖❷）。

● 用餐巾擦拭嘴時，不要用雙手，用單手拿起餐巾的一角，輕輕的按壓嘴角就行。不要揉搓嘴巴。

● 擦嘴時將一角翻過來，用餐巾的內側（如圖❸），如此用髒的地方就會朝內。（這是更上級者的作法）

❶

❷

❸

◎但是，也不要以為頻頻擦嘴是愛乾淨、很秀氣，盡量不吃髒嘴邊為要。

（在後章說明怎麼吃就不會沾汙嘴邊）

◎在餐廳一切都要用餐巾，不用手帕，只有擦汗時用手帕絕不用餐巾；也不用餐巾擦杯上印的口紅。

◎喝酒前，先用餐巾按一下嘴唇，就不會將油汙和口紅印在酒杯上。

◎餐巾的用途除了拭嘴之外，不小心吃到小骨頭時也用餐巾掩著再取出來。

◎忍不住咳嗽、打噴嚏時，將臉側一邊，用餐巾遮掩一下。

◎男士啊！不論吃什麼菜，餐巾絕對不可像圍兜兜似的掛在胸前，否則你的一世英明會毀於一餐。若怕滴濺到衣服、領帶的話，就多磨練一下自己的刀叉功夫吧！

9. 餐巾的用法②——擺法也是一個信號

是暫時離席會再回到座位，還是用餐畢要走了，餐巾的擺法是個示意。

上洗手間要在入座之前。另一個時機是趁吃完主菜、上甜點之前的空檔。**暫時離席時餐巾的擺法**：放在座椅上，不用摺整齊（圖❶）。

餐畢離開時餐巾的擺法：不必摺整齊，但也不揉成一團，隨意放桌上（圖❷）。

紳士、淑女切記的禮儀：

◎宴會時，要等主人、主賓將餐巾放在桌上後，才將自己的餐巾放到桌上。男、女同行，餐畢要離開時，女士先放回桌上，男士

暫時離席就放在座位上。

餐畢離席不摺放在桌上。

才放。
不少人常犯的是：當同伴尚在慢慢啜飲餐後的咖啡或酒，自己先飲用完了就把餐巾放在桌上。這是個會讓人生氣的動作。
為什麼？
因為餐巾是拭髒的用具，當其他人仍在享受食物時，將沾汙的餐巾放在對方面前很沒禮貌吧？等大家決定要離席時的才放，不要一個人率先做出「我要走了」的動作。

用過的餐巾不摺整齊的原因

餐畢離開時，請不要以為餐巾要摺疊整齊才有規矩，只要從膝上挑起來就放在桌上即可。不揉成一團。
用過的餐巾不摺疊整齊是有意思的：第一，餐巾本來就是要用髒的用品，所以不必特別處理。第二，摺疊整齊是有「諷刺」的意思：表示你對這個餐廳不滿意，不會再來。

10.

用手拿，不用餐具的食物finger food

有些食物是不用餐具，要用手拿著吃的稱finger food。

開胃小點（Amuse Gueules）

到了餐廳，即使再雍容華貴的紳士、淑女們其實心裡都唸著「趕快上菜」。點了餐前酒，或是在上前菜之前會上一小盤「鹹點心」，這時請別急著說：「我沒有點。」這開胃小點（Amuse Gueules）是餐廳送的。人在空腹時血糖降低，吃一點東西會使心情沉穩。另一個功用是喝餐前酒之前，墊一下肚子保護胃膜。

常見的鹹點心是Canapé（如圖），是小薄片麵包或是餅乾上面放火腿、燻魚等，就直接用手拿著吃。

能一口吃下小形的就一口吃完，如果分兩次吃，一口咬下後不要放回盤內，就拿在手上接著吃。

麵包

麵包基本上是用手剝一口吃，但是以下是例外：葡萄麵包、司康（Scone）、德國黑麵包，這些無黏性的麵包用手剝的話很容易碎散，就用刀把麵包切成兩半，抹上奶油直接用手拿著分幾口吃。司康的吃法在後面特集〈正統英式下午茶〉內詳述。

鵝肝醬、肉醬

前菜的鵝肝醬（Foie Gras）、肉醬（Pate）用刀直接抹在麵包上：撕下一口麵包抹上一口量的醬（如圖）（但是生煎鵝肝的話就用刀叉吃，不抹麵包）。

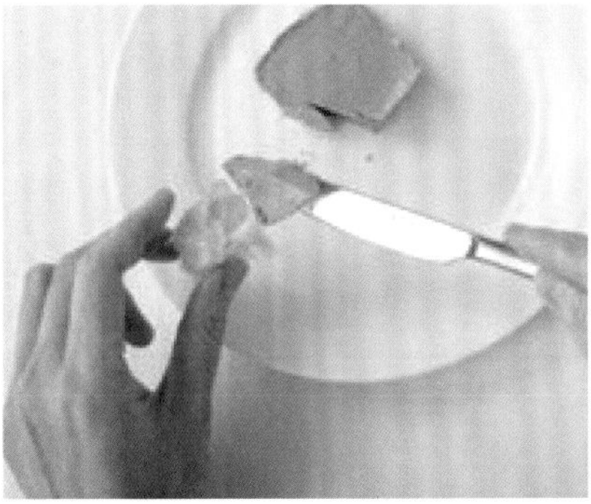

Chapter 4.

每一道菜的正確吃法

正確的吃法就是使你達到：最有品的用餐技巧、究極的品味方法

西洋餐飲在國際禮儀法典（Protocol）有明文規定正確的用法。你會發現這些規矩不但不是故意刁難你，而且是要幫助你：

①美觀：最美的吃法竟然也是最有效率的吃法。

②美味：正確吃法也是吃出料理的價值的吃法。

並且禮必有理。禮儀都是基於科學理由。了解這法則就不必死記，即使碰到沒有吃過的料理也可以舉一反三。

1.

湯——可以吃得最美的一道菜

怕滴，就埋頭緊靠湯盤；唏唏囌囌的吸湯；湯剩不多了就用湯匙刮盤子……

絕不埋頭喝，挺直腰背，額頭朝前方。湯不舀多，就不會滴。

喝湯的樣子可以讓和你同桌吃飯的人上天堂或是下地獄☺。

湯是可以吃得最美、最優雅的一道菜，因為它只需用單手拿著湯匙，不用雙手做割鋸的動作。而如果吃法是如前述「埋著頭、唏唏囌囌的喝，又拚命刮盤子」的話，同桌的人一定毛骨聳然。並且，湯只是一餐的開始，大概不敢想像還要繼續和你吃完這頓飯……

在不少電影裡用喝湯的鏡頭投影揶揄鄉巴佬，因為「湯沒喝好」是個最令周圍的人噁心的「公害」。

相對的，湯喝得優雅，其他菜的用法也一定是一流的。為什麼？

因為區區一個湯，包含的禮儀多又細。但是不用怕，只要掌握兩個要點：

1. **姿態最重要**：也是前述的用餐的五個基本禮儀之一，坐姿正挺，喝湯時額頭朝前方，不低頭。左手腕靠著桌際（如圖）。擔心湯汁滴到名貴領帶或上衣，就弓著背，埋頭靠近盤子，這是最難看的狼狽像，紳士、淑女形象全毀。要訣是：湯不舀滿，只舀三分之二匙就不會滴。

2. **絕對、絕對不出聲**：英文「喝」湯是用「eat」，也就是，不是直接「灌」進喉嚨，而要慢慢品味得「吃」。喝湯絕對不出聲。湯匙也絕不碰撞、刮盤子。

以上兩點務必平時要養成習慣，也從小要教。

其他注意處

◎麵包絕不沾湯吃。

◎不呼呼吹湯。和中餐不同，西餐的湯不會熱滾滾的上桌。比如在正式宴會的湯一定是牛肉清湯（consomme），它「入口時的溫度」是廚師精心倒算，從在廚房盛湯入盤到端到桌上的時間。如果燙到不能入口或是冷了，這個廚師不及格。而濃湯，比如玉米湯、洋蔥湯是家常菜，熱呼呼的喝比較過癮，但也別吹涼（除非是餵小孩）。請不要以為呼呼吹的樣子很可愛，看起來土又幼稚，只要用湯匙盛著，稍待一下自然會涼下。

◎**一匙湯一口喝下，不要裝秀氣分幾口喝。**

◎若是在正式場合，湯快喝完剩不多時，不要極端的傾斜盤子喝到最後一滴才罷休，喝到難舀了就停止吧！傾斜盤子是英國人的做法，法國式是允許剩下。

◎較複雜的是起司酥皮湯，喝法是，先用刀子或湯匙將覆蓋在湯碗上的酥皮橫切成兩半，將靠近自己的一半放進湯裡一起食用，再放進另一半。

不過這家常菜不會上正式場合，所以不必太在意，只要吃得不邋遢就好了。

湯匙放哪裡？

- 要休息一下時，湯匙放在湯盤內（圖❶）。
- 喝完，或是不再喝了，湯匙放在湯盤外邊緣（圖❷）。這是示意侍者「請收走」。
- 有兩個杯耳的湯碗，用不用湯匙都可以。用雙手拿起來以碗就口喝。單耳的湯碗就像拿咖啡杯般的喝。

❶ 暫時休息，還要喝的意思。

❷ 喝完了，請收走的意思。

到底湯該是往裡舀還是往外舀？

不少人以為喝湯最重要的禮儀是舀湯的方向，到底是該從裡往外舀？還是從外往裡舀？

其實，這一點最不重要，前述的那幾個禁忌才是嚴重。因為往裡舀、往外舀又是「英、法之爭」，我們用哪一種都沒關係。重要的是，我們可以從他們的爭執中學到他們堅持的理由是為了什麼：

英式「吃裡扒外」和法式「吃外扒裡」的爭議，主要是對湯匙的正面和背面看法的不同。

和前述叉子的用法一樣，英國認為湯匙凹處是「正面」，法國認為凸面才是「正面」。那為什麼區分「正」、「背」這麼重要？

這西洋禮儀和日本餐桌禮儀的抹茶碗為什麼要轉的理由是一樣：正面是朝向對方，以示尊重。所以英式是湯匙凹處面朝外舀，讓對面的同伴看見正面（圖❸）。法國式反之（圖❹），但是都是為了「對同伴不失禮」，這個細膩的心思是不是我們需要學習的？

最後，這個禮儀不必在意但是可以更了解禮儀的小科學，那就是**湯匙和嘴的角度**。

在過去，英國式是湯匙擺橫的喝，法式是湯匙尖端朝嘴喝。不過，現在是依自己最自然約四十五度的角度，或是依湯的種類取其好處：

沒有食物在內的清湯（牛肉湯）湯匙要橫擺和嘴平行，或是四十五度都隨意。

而有食物在湯內的濃湯（玉米、蔬菜湯），是湯匙尖端朝呈嘴和嘴是一百八十度角，以匙尖入口。請讀者可以試試會發現確實這喝法會使湯內的食物不沾汙嘴唇。這就是陳姐姐說的：禮儀是「人體工學」。

3 英式，湯盤往外傾。

4 法式，湯盤往裡傾。

2.

麵包——一餐吃得最久的食物，吃法的對、錯很明顯哦！

侍者端上麵包籃就一次拿三、四個；整個麵包塗滿奶油大口咬；麵包屑掉在桌上就用手拍到地上，不行嗎？

麵包是一次剝一口，塗上奶油吃。剝麵包時雙手低放靠盤就不會散屑。

麵包是一餐裡最先上桌，最後收走的，並且進食中會斷斷續續的食用，是留在餐桌上最久的食物，因此吃法的對、錯很顯眼。

第一次造訪的餐廳，菜還未上，先吃一口麵包，就差不多知道這家的廚藝水準了，因為一家餐廳若是對麵包講究對菜餚也一定精求。但是再好吃的麵包，首先要知道麵包不是為「吃飽」而有的。麵包的作用就像葡萄酒一樣：爽口，清除口中的味道以備品嚐下一道菜。

禮儀是會跟著時代變化。比如舊式的西餐規矩是用完湯後才能開始吃麵包，這一點在正式聚會時應遵守，但是私人約會時就沒關係。因為，首先湯不流行了，較少人點湯。另外，現代人的工作壓力不同於過去中世紀貴族成天吃飽沒事做。比如陳姐姐工作完畢上餐廳時大多已餓暈了，這時喝點酒、吃點麵包，很快感到血糖上升，心情也就放鬆了。所以高興什麼時候吃就吃，以下幾點才是吃麵包要遵守的重點：

- 切記麵包的吃法：麵包撕成一口大，抹上奶油。一次一口，絕不整塊咬。剝麵包時雙手放低緊靠盤（圖❶）。奶油有時是一人一份，有時是共用。共用時，不要直接挖放在自己的麵包上，先挖一些放在自己的麵包盤上，再用自己的奶油刀一次一口抹上麵包（圖❷）。

❶ 麵包撕成一口大小，絕不整塊咬。

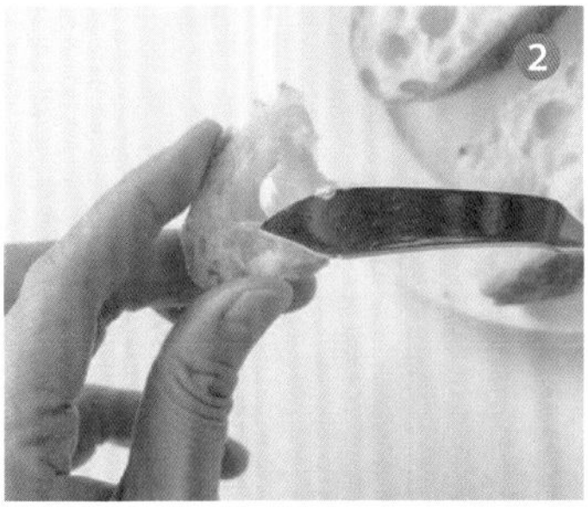
❷ 共用奶油時，先挖一些放在自己的盤子上，再一次一口抹上麵包。

◎侍者送上麵包籃請你挑選，不管種類有多少，一次最多只拿兩個，吃完再拿。再好吃的麵包，一餐最多吃三個就好。

◎麵包是在左邊，所以並排或是坐圓桌時不要誤拿鄰座的麵包，會很糗哦！沒有麵包盤，麵包直接放在桌上時，仍舊放在自己的左邊。

◎奶油共用時，盛奶油的銀器離自己較遠的時候，絕對不可伸手橫跨別人面前拿取，請鄰座人遞給你。

若是奶油銀器在自己面前，就先遞給較遠的人使用。僅僅這一個動作就呈現你的修養。

◎麵包屑掉落在桌上沒關係。吃完主菜上甜點前，侍者會來把桌上的屑清乾淨。更不要把桌上麵包屑拍到地上。

◎義大利餐廳大都不放奶油，是放「冷壓初榨」(extra virgin)橄欖油。倒在自己的碟內，撒些鹽或加上巴薩米克醋(Balsamico)，同樣的剝下麵包一口一口沾著吃。

麵包什麼可以沾？什麼不可以？

- 吃完蝸牛後的奶油蒜汁是精華，麵包剝一口，用手拿或是用叉子叉著麵包沾汁。
- 在非正式場合用麵包沾盤內的醬汁可以，不過在正式場合就不這麼做。
- 無論正式不正式，麵包絕對不沾湯吃。

為什麼不放麵包盤？

麵包盤的發祥地是英國，因為歐洲大陸正式的餐廳和宴會反而不使用麵包盤，而是直接放在餐桌上。
這是有趣的典故：在過去時代貴族是將沒發酵的硬麵包放在桌上當作麵包盤，上面放鬆軟的麵包。貴族吃完上面的麵包，下面的硬麵包是留給僕人吃的。所以不用麵包盤是過去封建社會遺留下來的習慣。歐洲人現在藉此懷舊過過貴族的乾癮。
另一個原因是，純白麻紗的桌巾相當昂貴，把麵包直接放在桌巾上毫不吝惜的用髒它，也是古代要展現財力、奢華的象徵。

3.

沙拉——大片葉子如何可不沾汙嘴邊

沙拉的大片菜葉反正是軟趴趴的，就整片往嘴裡硬塞……

訣竅：一切食物只要切成小於嘴就不會沾汙嘴邊。

原本秀氣的淑女、沉穩的紳士，一面對沙拉的大葉子，就張大嘴巴氣狠狠的往嘴裡猛塞，這會是個猙獰相……

沙拉是吃完肉之後爽口，以及蔬菜的鹼性可以中和肉的酸性的副菜（side dish）。沙拉不是道正式的菜餚，所以可以單手用叉子輕鬆吃，但是胡亂塞進嘴裡，可就讓你「毀容」。特別是女士，油汁和大片葉子會使口紅暈開，嘴巴看起來比原先大兩倍哦！沙拉裡的蔬菜大小、形狀、軟硬都不同，如何把各種蔬菜吃得優雅，吃到女士不必補妝、男士不必擦嘴？

很簡單，以不變應萬變：不管什麼體型、大小都將它「切」或是「摺」成小塊。一切食物只要「小於嘴」就不會沾汙嘴邊。

◎如果全是小片就單手用叉子吃。

◎如果是硬的、有梗的菜葉或是大片葉子，就刀切成小片，幾小片一起叉著吃（圖❶～❷）。

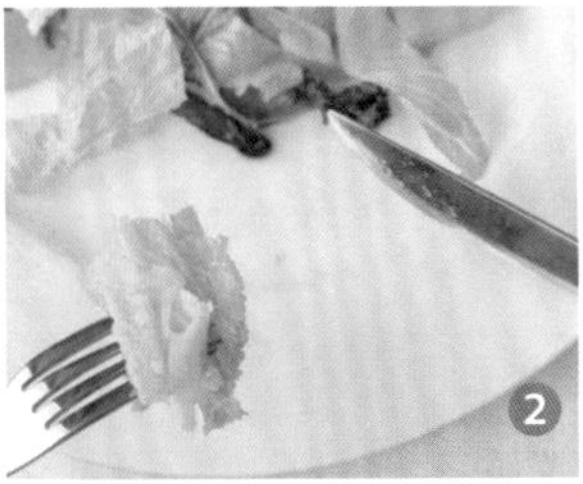

◎如果是軟趴趴的大片菜葉就用刀叉把它摺疊起來（圖❸），包成一口大，一口吃進（圖❹）。也可以用麵包輔助：薄、小片的菜葉可以用右手拿叉子，左手拿一小口麵包將葉片推到叉子上。

4.

魚——在西方是最顯示出家教的一道菜

把魚吃得太乾淨會被笑窮酸？

西方的上流家庭是可以從刀叉的工夫看出，吃魚是一個標竿。

在注重餐桌禮儀的國度如歐、美、日本先進國家，刀、叉、筷子用得巧不巧是代表一個人的家庭教育。

西餐和日本的魚料理大都是去頭去骨只有肉身，但是小型魚或是標榜「今天捕獲的」要強調鮮度時，魚會全身帶頭上桌，這是最高難度的料理。一隻魚有辦法吃得像是貓咪舔過般的乾淨就是刀、叉、筷子用法正確、精巧，這表示是來自好家教的上流家庭。

甚至魚的面頰肉，這不夠塞牙縫的一小口，美食家可以用刀叉熟練的挑出來。

陳姐姐把這個最高難度的料理拿到本章的前頭說明，是讓你發現這是一個「以不變應萬變」的法則，會讓你在後幾節的「帶骨羊肉、帶殼龍蝦」等麻煩難纏的食物舉一反三。竅門是：只要先將骨、肉分離，接下來都是你的了！

- 先將周邊的鰭用刀切離魚身，魚鰭放在盤子的一邊（圖❶）。
- 之後順著魚的背脊，將上面的魚肉縱切成兩大半（圖❷）。
- 將整半大片的魚肉拿到靠近自己邊的盤子上，切成一口大小食用。吃完再吃另一半（圖❸）。

先將不能吃的魚鰭分離。

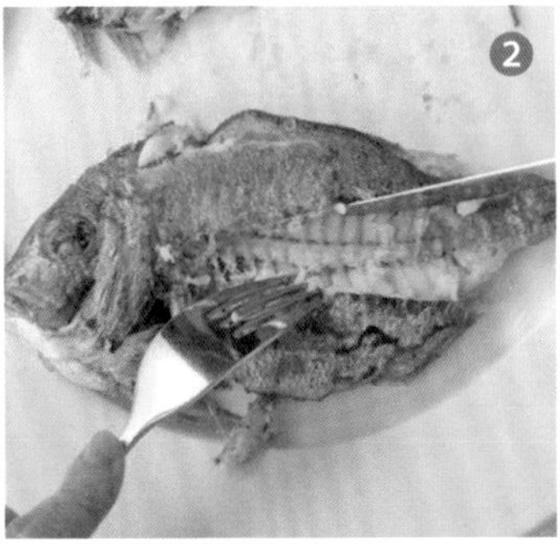

先從魚身中央下刀，分成兩半。

將一半肉放在前面切食，再吃另一半。

● 魚肉鬆散易碎較難叉住，可用叉子的凹處盛著。

● 絕不替「鹹魚翻身」。吃完上半面，將刀放在背骨下，順著骨頭挑起整條骨連頭一起和肉分開（圖❹），放在一邊。

● 下面的魚身，同樣切一口大小食用（圖❺）。

● 不小心吃進魚刺，別低頭吐在盤上。用餐巾遮著嘴，吐在叉子上，再放到盤子裡。

● 魚，吃完之後的盤相美觀才重要，也是第1章提到的五個用餐基礎規矩之一。魚鰭、大骨頭、小骨頭全攏聚一起（圖❻），要小心絕不發出刮盤聲音。

將刀放在背骨下方，刀順著骨頭往前進，連頭一起挑起來。

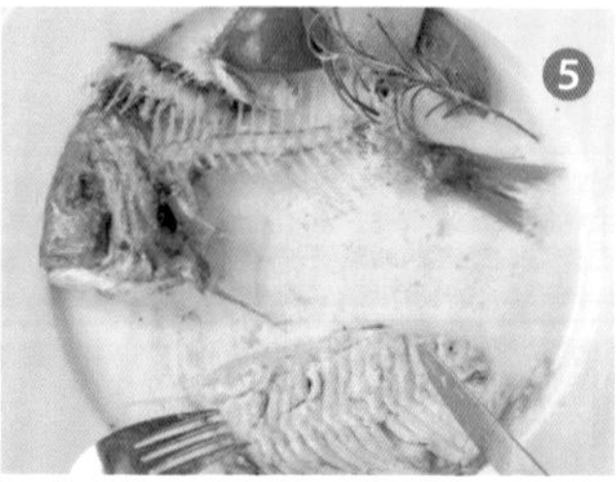

頭骨放一邊，一口口切食魚肉。

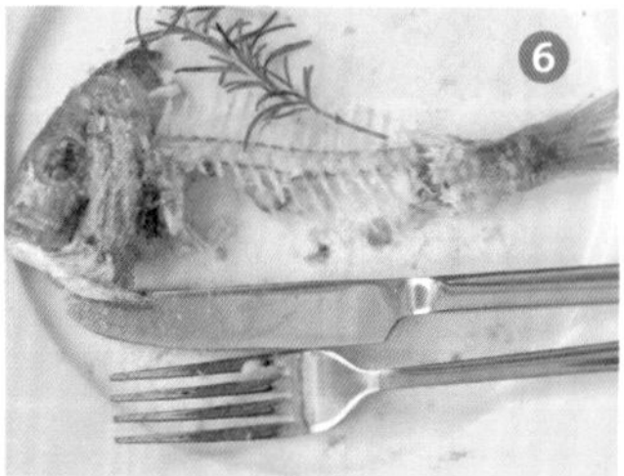

吃完後的盤像最重要。

檸檬的用法？

魚料理一般都附有檸檬，依形狀用法不同：

半月形：用右手擠時，左手要遮著，才不會四處飛濺（圖❶）。

片輪形：放在魚肉上，用刀子輕壓，只要飄點檸檬香就好。

半球檸檬：用叉子插進半球內，轉出汁液於肉上（圖❷）。

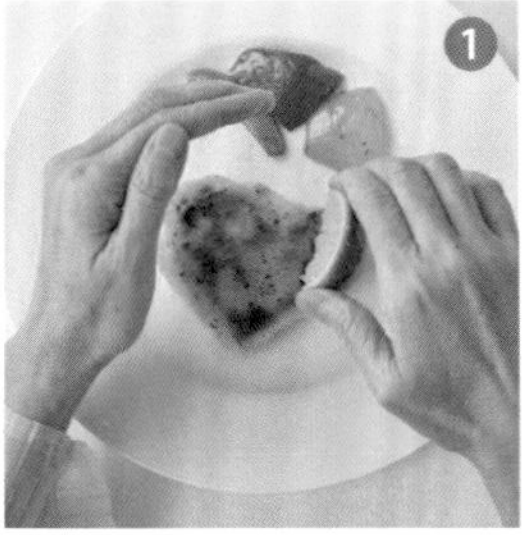

擠檸檬一定要一手遮住。

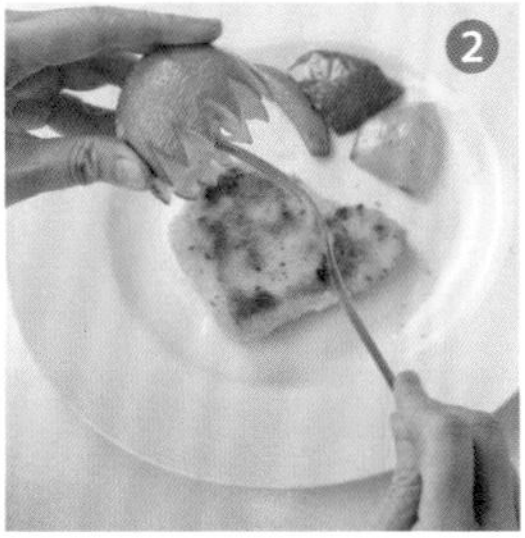

半球形用叉子轉一轉。

5.

牛排——為什麼坐姿好，肉就切得輕鬆？

為什麼別人切肉像拉小提琴般的優雅，而我卻鋸得像個屠夫？牛排都要生一點才像老道的美食家？

輕鬆切的關鍵竟然在於坐姿！將體幹的軸心放在丹田，刀叉就會巧。

牛排的各部位和口感

①沙朗（sirloin）

沙朗 sirloin 是最普遍的牛排。「loin」是指「肋骨與骨盆之間，脊髓兩側的肉」，沙朗是其中一部分位於菲力上方的後腰脊肉。它既有油花脂肪，肉質軟硬剛好有嚼勁。據說是因為太好吃了，所以英國國王封給它「Sir」的爵位。

②肋眼（rib eye）

位於肋脊部靠近背脊的肉，肉質密度高、又嫩、肉味濃，油花分布均勻，特色是中間必有一塊油脂。建議五～七分熟，最適合碳烤。

順著肋眼的周圍有稱為「眼蓋」（ribeye cap）的稀少小小部分的肉，它的美味實在難以形容，肉汁、脂肪和口感是極品。戰斧牛排（Tomahawk，戰斧的印地安語）是帶骨的肋眼牛排，形狀像戰斧。

③丁骨（T-Bone）

它是以牛的脊髓為中心縱切，所以呈T字。骨頭的一邊是沙朗，一邊是柔軟的菲力，可以同時享受兩種口感。但是廚藝要高明，因為兩邊的火候時間各不同，並且骨頭邊緣比較難熟。

④菲力（法文fillet、英文tenderloin）

一頭牛只有三%的菲力肉。它位於牛的大腰筋，是最少運動、最柔軟的部分。它的脂肪少，肉味也不腥重，但愛吃肉的人（比方陳姐姐）會稍嫌不夠勁，所以用為「羅西尼風」很適合（後述）。建議三分熟。

⑤夏多布里昂（Chateaubriand）

也稱為菲力眼，是最珍貴的部位。前述的菲力肉雖然是一小長條，但是還可以分成幾部分：最前端是filet mignonette；「菲力眼」夏多布里昂位於菲力肉中間最厚的地方，這部位是菲力肉中最不運動的。並且若菲力肉有四公斤的話，夏多布里昂只能取約六百公克的稀少部位，是菲力肉中最昂貴的部分。它並不只是因為稀少才貴，是真的好吃，一般牛肉要有脂肪交織，或是要薄切才感到肉軟；雖然菲力肉的價值在於沒有脂肪又厚切卻又柔軟，但缺點是會嫌不夠味；而菲力眼是集具全精華：肉質密度很高，所以雖軟但有咬勁口感，肉味也濃厚。

牛排怎麼點

侍者問要幾分熟：

◎一至兩分熟：rare

◎三到四分熟：medium rare

◎五分熟：medium

◎六到八分熟：medium well

◎全熟：well down

不少人迷信「要生一點才像美食家」，這是錯誤的觀念。不只是牛排，任何食物美味的成分是來自於氨基酸，氨基酸必須加熱才能分解，才能吃得出它的甘美味。你會發現活龍蝦、活鮑魚與其吃生，加熱後更甘甜。牛肉過生並沒有肉香，脂肪不熟吃起來只是膩。

並且一至兩分熟（rare）不應是血淋淋的上桌，它需要高廚藝，內部溫度約五十度C；五分熟內部溫度約六十度C；全熟也並不是「過熟」，內部約七十七度C以上。牛排的價值在於火候，比方布滿了油脂的霜降肉不同於無筋無油的菲力、夏多布里昂，還是得經過適量的火候，油香味才會出來。

如果覺得端上來的肉不夠熟，可以吩咐再煎熟一點。

老饕們最心醉的「羅西尼風牛排」是十九世紀義大利名歌劇作曲家羅西尼（Rossini）也是著名的美食家想出來的點子。這是我整本書內最喜歡的菜，就以文字過過乾癮：

菲力肉因為沒有油脂，所以羅西尼風是將煎得外焦裡嫩的鵝肝放在菲力肉上（再刨一些黑松露，但是可有可無）。

鵝肝是百分之百油脂，它和無脂的菲力是絕頂的互補相乘的作用，所以分開來吃就沒有意義了。吃法是：鵝肝的大小和牛肉差不多，先切一口上層的鵝肝（切鵝肝時力道小一點），再切下層的牛肉，兩者叉著一起吃。

上質的肉只需沾鹽提味。若有數種鹽，味道最重的煙燻鹽是最後使用，適合搭配油脂多的肉。牛肉並不是愈新鮮愈好吃，常聽「熟成牛肉」是以約四度C的溫度保存三週至一、二個月，如此腐菌繁殖使硬筋崩解，變得柔軟。也產生更多氨基酸，增加味濃、鮮甜。

切牛排要靠丹田的力量？

原本輕舉酒杯，細語欲談的男女，一當牛排上桌，就目露凶光，兩臂弓張、使勁狠鋸牛肉，並且發出可怕的嘰嘰喀喀的刮盤聲，令人聯想到屠夫……。但是也有人切肉像拉小提琴般的輕鬆優雅，問題出在哪？你大概會很訝異，是在坐姿上。

陳姐姐最近開始跑馬拉松，我發現教練教的「體幹中心在丹田」和「雙臂的擺動」，丹田和雙臂的互動正和切牛排一樣！

牛排比其他食物需要雙臂傳達力道在指尖上。而雙臂要使力時，其實是靠以丹田為中心的核心肌群腹肌和背肌。這就是陳姐姐在第2章說用餐時坐姿重要的原因，坐姿端正是靠以丹田為軸，如此雙臂就不必使力弓張，容易傳達力道在指尖上，就不會像在「狠鋸」。

切牛肉時，只要用指尖的力量按定左手的叉子，右手的刀也只集中力量在食指尖、刀尖上，便很容易切（如圖）。

另外，切肉時看起來優美的關鍵在於手腕的角度。盡量低平的切（如圖）看起來較不氣勢洶洶。

女士只要每一口切小於嘴，就不會沾汙嘴唇，暈開口紅。

力道在指尖上就好了。

「仔牛」是幾歲大？

菜單上經常出現的「仔牛」是指出生後二～三個月的小牛。特色是比成牛的肉柔軟，腥少，肉是呈淡粉紅色。

法國菜如同中國菜有不少內臟料理，大都是來自仔牛。比較特別是仔牛的胸腺（Ris de veau），這個部位只有仔牛有，成牛後這個腺體就會萎縮消失。一隻仔牛胸腺的量不多，但說有多好吃？我個人覺得還好，它沒有肉味，沒有脂肪，口感較特別，吃起來像硬的河魨白子（精巢），節食的人適宜。

吃牛排需知的常識

◎原本西裝筆挺的紳士而一吃牛排就要把餐巾掛在胸前像小孩子的圍兜兜，是非常難看又滑稽。也是表示你的刀叉功夫一定很菜，才會怕滴到領帶。**餐巾一律放在膝上，絕無例外。**

◎牛肉從左下角開始切，逐漸往右移（圖❶）。你會發現無論是吃日本料理鰻魚飯的重盒或是任何食物都是從左下角開始吃，為什麼？這又是人體工學，因為大多人是右手巧，所以以左邊為定點較方便食用。

◎肉一次切一口大吃（圖❷），不可切一大塊叉在叉子上再分幾口咬食。

◎不可以把肉全部一次切成一塊塊，肉汁會流失，也容易冷卻（小孩子的話也就算了）。

從左邊開始切符合人體工學、力學。

一次只切一口大，小於嘴就不會沾污嘴。

◎和中國菜盤內的裝飾不同，西餐不會將不能吃的東西放在盤內。牛肉旁邊附的配菜全部吃光。

◎圓滾滾亂跑的豆子和鬆散的馬鈴薯，可以先輕輕壓扁再盛在叉子上，就不會掉落（圖❸～❺）。

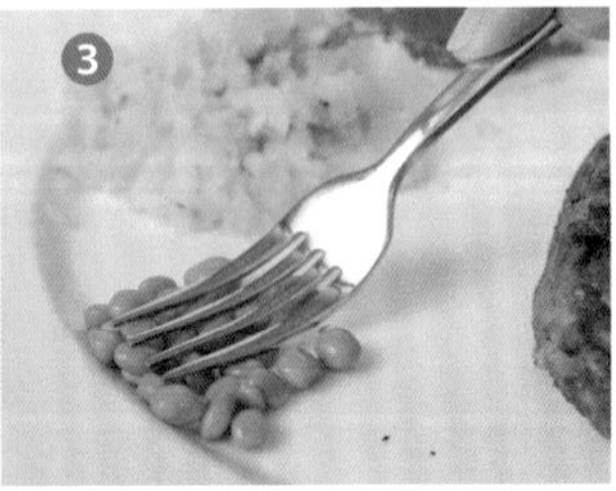

不聽話的豆子先把它壓扁。

鬆散的馬鈴薯泥也壓緊一點再盛在叉子上。

6. 帶骨的羊排、雞腿、丁骨牛排

——只是外表唬人，法則只有一個

即使在高級餐廳，凡是帶骨的小羊排，雞腿，鵪鶉一律拿起來啃……

帶骨、帶殼乍看是高難度，法則就是一個：分離可以吃的和不可以吃的部分。

西餐料理中最讓大家害怕的大概是帶骨的食物。而帶骨的部位又是最好吃的，因為這是運動肌肉，有咬勁、肉味濃厚。不去骨的原因是這樣才能將肉汁的美味保存在內不流失，並且煎製時骨汁會流向肉，會更美味。所以真愛吃肉的人，比如陳姐姐就是「肉食女」（只限於餐桌上），會刻意點帶骨的肉。但是要享受就要通過刀叉功夫的關卡！

不要因為是高難度就不敢點，不但可惜而且躲得了一時躲不了一世。因為各國頂級美味的菜餚大多帶骨，比方法國烤鴨肉（confit）、鴿肉、鵪鶉；義大利的胎羊肉（abbacchio）；德國豬腳；美國丁骨牛排、肋排等等……，你說，要不要學呢？別被它外表唬住，其實法則只有一個，是很好對付的。

如果是在戶外烤肉，帶骨的肉整塊拿起來啃是很過癮，但是可不可以粗獷得大口咬要懂得分場合。

羊肋排是高級餐廳必有的常菜，因為肋骨突出，所以不少人以為就可以整片拿起來啃？不，那就像洞窟的原始人。高雅的場合就要用刀叉高雅的吃。會精巧的用刀叉吃帶骨的肉是紳士、淑女必備的文化度三星級★★★。

而且告訴你一個朗報，帶骨頭的肉乍看是不好惹，其實只是虛張聲勢。再怎麼體型複雜，帶殼、帶骨的食物，應付的方法就是一個↓先將骨、肉分離，就如前面的「魚」只要先將「可以吃的」和「不可以吃的」分開。

將「不可以吃的」骨、殼放一邊，接下來整塊肉就是你的了。

羊排有時是切好一片片上桌，有時則是一整排肋骨肉上桌（如圖），這讓不少人傻眼。其實它只是多一個步驟而已，吃法為：

- 從每個肋骨之間下刀，全部切成一片片帶骨的肉片（圖①）。
- 和前述的魚一樣，先將骨和肉分離：用叉子叉定肉，刀緊沿著骨頭將肉、骨切開（圖②）。如果沒切乾淨還有肉留在骨頭，再用刀叉將殘肉卸下，吃得愈乾淨愈好。
- 肉、骨分開後一切就方便了，就和前述的牛排一樣，一次切

一整排肋骨上桌不必怕。

從肋骨間下刀，切成一片片帶骨的肉。

再將刀緊沿著骨頭分割肉和骨頭。

一口大食用（圖❸）。

●吃完一片，下一片用同樣的方法。

●吃完後絕不將骨頭散得一盤，全部聚集一起（圖❹）。

有些餐廳上羊排料理會雞婆的附上洗指水（餐廳沒在替你的形象著想☺），但是你若自豪為紳士、淑女的話，吃羊排或是更高難度的小型鵪鶉都不用手指，全靠刀叉工夫，是你值得驕傲的文化度三星級水準★★★。

若是你會吃羊排，那麼其他菜都能舉一反三了。帶骨的雞腿也是同樣的吃法。先將叉子叉住肉，刀沿著骨頭切開肉。骨肉分離後，每次切一口大食用。

骨肉分離後，就和吃牛排一樣，一口一口切食。

吃完後的骨頭絕不散亂。

有時雞腿末端會包著錫箔紙，不少人誤以為這是讓你用手拿起來吃。不，這只是以錫箔紙遮掩骨頭的包飾而已。除了在戶外烤肉之外，在餐廳沒有料理可以拿著啃的！

丁骨牛排的牛骨是又粗又大，很容易分開骨肉。和羊排一樣，先將骨頭一邊的肉順著骨頭切開，再將肉一口一口地切著吃，吃完一邊再切另一邊的肉。

你看，學會了一招法則，不論什麼動物上桌都可以「迎刃而解」了吧！

7. 帶殼的龍蝦——乍看是高難度，也以不變應萬變

帶著頭、尾的整隻龍蝦，是該從哪裡下手？

如前述的法則：先分離殼、肉。從尾部下刀最容易分離殼和肉。

再怎麼看似高難度、形狀複雜的食物也都是以不變應萬變的法則：先分離可吃和不可以吃的部分，殼、肉分開之後肉的部分就任你宰割了！

不過分開龍蝦的殼、肉是比較需要技巧。

通常西餐的龍蝦不是現撈，大都是先把蝦肉取出來調理後才又放回蝦殼裡，所以很容易將殼、肉分開。不過，愈是新鮮的，肉愈會緊黏住殼，用以下的方法就不難分離：

◎從蝦尾巴下刀，因為尾部的結構最單純，容易分離殼、肉。

方法是，左手用叉定住蝦身，將刀插入蝦尾的殼和肉之間（圖❶）。

◎刀放在肉的下面，順著殼往前進，將殼與肉分開（圖❷）。

◎肉、殼分開後就好辦了。將整塊肉取出，放在靠近自己的盤上（圖❸）。肉一次切一口大食用。

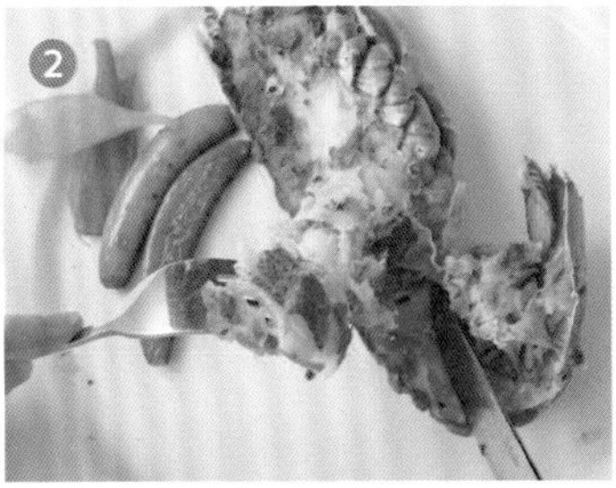

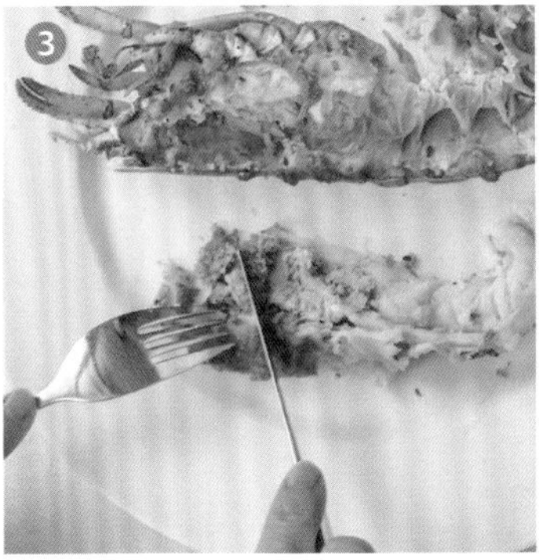

你看，陳姐姐沒騙你吧，只要學會一個法則，其他都可以觸類旁通了。

8. 帶殼生牡蠣——不用刀，用手指幫忙

這是用刀、叉吃嗎？是調味料嗎？

左手按著牡蠣，右手用叉子分離貝柱、殼、肉。

老天在創造萬物時，似乎刻意將最美味的食物都要緊鎖在硬殼裡？要通過關卡才能夠得其美味。

前述「美味」的成分是來自於氨基酸，牡蠣和蝸牛就像是個氨基酸的濃縮膠囊，常用來當開胃菜。

在過去，吃生牡蠣的季節為英文帶有「R」字的月分即九月到四月，是因為其他月分是牡蠣的產卵期，有毒素不宜食用。但是近年由於冷凍、殺菌技術進步，整年都可以吃到生牡蠣了。

法國秋天有各式各樣的牡蠣上市，在巴黎的街頭常會看到一個奇景：穿戴

擁容高雅的紳士、淑女們站在路邊生牡蠣的攤子旁，用手拿著生牡蠣用力吸食。

秋天在巴黎的高級海鮮餐廳供應多種珍貴的牡蠣，如扁圓形味道極濃厚的Belons，特大號的牡蠣Papillions等，因為產量少所以不外銷，若秋天去法國必嚐。

吃生牡蠣的一個關卡是要和那堅韌的貝柱格鬥一番，方法是：

- 不用刀，左手按住牡蠣，右手用叉子從肉的周圍逐漸朝向貝柱將肉、殼分開（圖❶）。在貝柱上需要花點功夫，耐心一點，你一定會贏的。
- 肉、殼分開後才加上調味料。在美國常用雞尾醬（Cocktail Sauce），歐洲一般只加檸檬汁（圖❷）。
- 吃完肉之後，牡蠣殼裡的汁可以直接拿起來喝。
- 要用指頭吃的菜一定會附上洗指水（洗法在第3章）。

左手按住牡蠣，右手用叉子將肉、殼分離。

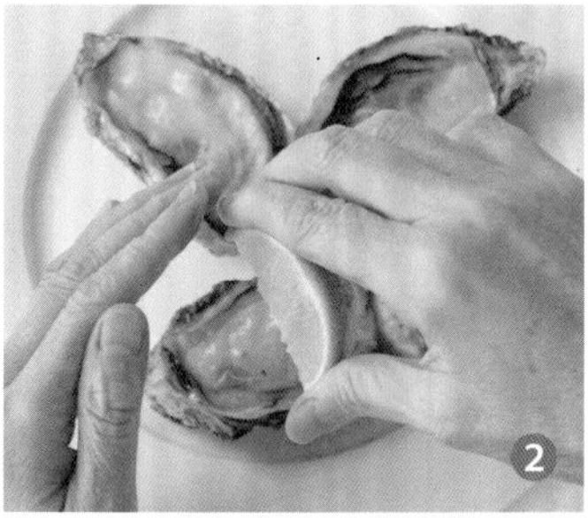

擠檸檬時，手要遮掩以防噴濺。

9.

法式蝸牛——不必墨守成規

蝸牛鉗一夾，蝸牛飛到隔壁桌……

不必墨守成規，用你較巧的右手操作蝸牛鉗就行了。

電影《麻雀變鳳凰》裡有一個笑點，女主角第一次上高級餐廳，蝸牛鉗一夾，蝸牛飛到隔壁桌！其實不怪她，法式蝸牛確實是經常發生糗事的一道菜。因為蝸牛殼是圓滾滑溜的螺旋狀，即使看似鉗夾住了，但是定點不穩的話還真會彈出去。雖然也有些店是去了殼才上桌，但是不但不新鮮，也已經流失了最美味的汁了。

巴黎有專門吃新鮮蝸牛的餐廳，有各種口味：蒜味奶油、咖哩味、魚子醬等，帶殼的新鮮蝸牛的確是美味但是有門檻……

減低風險的方法就是以符合人體工學來做吧！

一般吃蝸牛的方法是：左手拿專用的鉗子夾住蝸牛，右手用吃蝸牛專用的叉子把肉取出來。但是禮儀也是有彈性，因為一般人的左手較不靈活，要以左手控制這麼複雜的形體實在不符合人體工學。若沒有把握用左手操作鉗子，可先用右手夾穩蝸牛後，再改換左手拿住，之後再用右手以小叉子取出蝸牛肉。

剩下的蝸牛奶油蒜汁是美味之髓，把麵包剝成小塊沾用。或是將一口小塊麵包放進蝸牛汁裡，用叉子叉著吃。

10.

可借助手指幫忙的食物

因為陳姐姐說：「任何複雜的食物都要用刀叉解決，用不著洗指水才是一流……」所以吃蝦、貝類絕不用手指……

抱歉！陳姐姐要補充一下，一些小型的蝦、貝類稍用兩、三隻手指頭幫一下會更順。

貽貝（Moule）

貽貝常用於前菜。大都是以白酒和蒜蒸煮成一大盆上桌，但是別嚇著了，可以食用的肉並不多。這個菜本身就粗獷，所以輕鬆吃，不必太在意。

吃法是：左手拿著殼，右手拿叉子取出肉。不少歐洲人利用空殼夾出其他貽貝肉，但這會弄髒雙手，還是盡量保持一隻手乾淨。

吃貽貝會附上洗指水，如果沒有就用餐巾擦手。

義大利海鮮麵（Pescadores）裡面有帶尾的蝦子，吃法是：麵歸麵吃，蝦歸蝦吃。

麵的吃法就是用叉子捲麵吃（在第6章說明）。蝦子的吃法：

右手叉著蝦肉，左手拉著蝦尾，將肉、尾分開（圖❶）。

若有刀子的話，左手叉住蝦尾，右手用刀將肉、尾切離（圖❷）。

蒜貝麵（Vongole）

蒜貝麵裡蛤蜊的吃法：左手按著貝殼，右手用叉子取下蛤蜊肉。沾汙的手指用餐巾擦拭。

若不想用髒手指頭，就叉子定住殼，右手用刀挑出肉（如圖）。

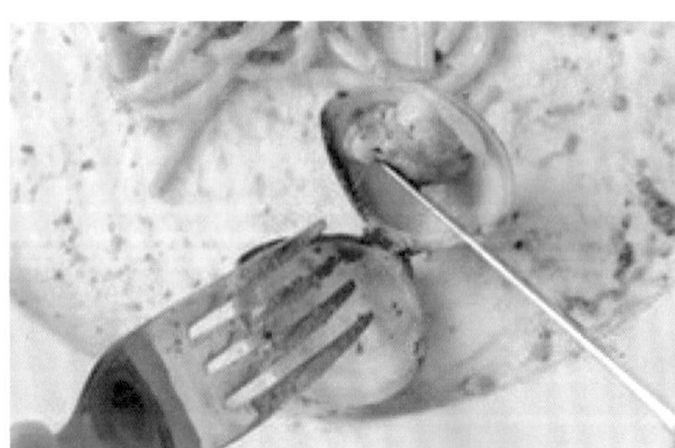

11.

盤內美麗裝飾的配菜可以吃嗎？

廚師精心雕切的食物或用醬汁繪成美麗的圖案，可以對這些藝術狠心下刀嗎？

全部吃光！

一盤精心擺排的料理美得像一幅畫，在《日本料理餐桌禮儀・究極品味的科學》書內有談到「目食」，在吃之前先以視覺欣賞整體的美感。西餐亦同。

但是有些高檔餐廳誤以為只要在料理的視覺上標新立異就可以拿到星級，就拚命在擺排上玩噱頭，而玩得過火會使客人不知所措，是要怎麼吃？並且破壞圖案有點罪惡感……

餐廳要回到原點，不要過於自我陶醉，要站在客人的立場，過度「創意」的菜上桌時不要沾沾暗喜：「怎樣，難倒了吧？夠創意吧！」侍者要在客人不知所措之前先說明吃法，比如「這個請直接用手拿著吃」、「請沾這個醬」。

◎常見的配飾是在肉上放一片葉子或一條香草。這先用刀、叉將它挾到一邊，切一塊肉，再切一小片葉子一起吃，也可以各別吃。迷迭香（rose mary）有強烈去腥作用，經常有一條放在羊排上，但是它味道過於強烈無法生吃，只供裝飾，就把它放在盤子角落。其他香草類都能吃。

◎主菜裡的配菜法文稱Garniture，比如馬鈴薯、紅蘿蔔、豌豆、毛豆等。吃配菜只要右手單手用叉子吃就行了，稍大塊的就借助刀子。

◎泥狀馬鈴薯（mashed potato）可以先壓一下再用叉子盛著吃；烤一整顆馬鈴薯（baked potato），就從中間下刀，切成四半，用刀叉分離皮。馬鈴薯養分集中的皮，連皮吃下也可以。

◎紅蘿蔔小塊的就一口吃下，大塊的就切成小塊。紅蘿蔔大多煮得非常軟了，所以切這些配菜時，拿刀子就如第3章說的輕握鉛筆似的拿法。

◎豌豆沒什麼問題。而圓滾滾不聽話的毛豆就先用叉子壓扁，再盛著吃。

◎盤子環繞著各種形狀和顏色的小塊蔬菜，吃法是從靠近自己的開始，順時鐘方向吃，依序逐一，才不會有東吃一塊、西咬一口的雜亂感覺。

從靠近自己的開始，逐一地吃。

用醬汁繪成美麗的圖案，再怎麼美麗，食物終究是要吃的。

Chapter 5.

日常的簡餐
也可以吃得這麼好看

1.

從小要教，五個用餐基本動作

——從高級餐廳到路邊攤都同樣

上正式餐廳是戰戰兢兢，正襟危坐；
在簡餐小吃店則是肆無忌憚，不顧吃相……

就是因為平常不顧吃相，所以上正式餐廳才會緊張兮兮。平時的簡餐、在家的三餐都是練習那「五個用餐基本動作」的機會！

「為什麼簡單的小吃，而她吃起來卻像似高級料理……？」

若被這麼說，是最頂級的讚美！

反而是吃簡餐小吃的時候愈易看出一個人的氣質。人是在輕鬆的時候愈易流露本色。

洋食簡餐已融入我們的生活中，一般社交較少的主婦、學生、孩子也是以簡餐居多。簡餐就是「輕鬆吃的飯」，但是並不是就可以吃得髒、醜、吵、亂。簡餐是養成高雅的進食習慣的機會。

正式餐飲和簡餐不同的只是在餐具的多寡、技術上的不同，但是用餐的基本禮儀是一樣的，即第1章所述「立即成為餐桌美女、俊男的五個用餐基本動作」，也是從小要教孩子養成的習慣。陳姐姐再嘮叨一次：

①吃、喝、咀嚼不出聲。不打嗝。餐具輕放不出聲，不刮盤。

②坐姿正挺不靠椅背。雙手腕靠桌邊，手肘不放桌上，手不撐頭。

③不邊咀嚼說話（嘴內食物曝光很噁心）。咀嚼時緊閉雙唇（這需要練習）。

④不埋頭吃，額頭盡量朝前方。

⑤不斷的保持盤相美觀。在進食中，自己盤內的食物不散亂，不斷的整理聚集在盤子中央。吃完後殘骨也全聚一起。

平常即使只是和家人、同事、熟友吃便餐，都是練習實踐這基本禮儀的機會。禮儀做法是如同運動，鍛鍊成習慣的話不必思考身體就會自然反應。在正式高級場所可以泰然自若、高雅又自然就是因為以上的五個基本動作已經融為習慣了。

簡餐是教育小朋友「食育」的好機會

有一次傍晚在台北的捷運上，幾位年輕的媽媽像似要送孩子們去參加生日趴，一位穿著牛仔褲的媽媽叮嚀著小孩：「你要注意餐桌禮儀哦！」我真禁不住多看了那位母親幾眼……

小朋友的趴大概就是吃披薩餅、炸雞、咖哩飯、漢堡，而這也都是學習用餐基礎動作的機會教育。

雖然小朋友不會乖乖聽，但是父母不斷的提醒並說明理由，這會在他的意識內播下種子。

2.

平常的簡餐也可以吃得高雅

這些常見的簡餐也有正確的吃法，會讓你更好吃，更好看。掌握了這些法則，其他的簡餐就可以舉一反三。

咖哩飯、燴飯類

盤相美觀的人最美麗。有本事吃完後盤子白淨不沾醬色嗎？以此為目標！

咖哩飯、匈牙利牛肉燴飯等燴飯類，除了那五個用餐基礎規矩，有兩個禁忌不要做：

①燴料是分盛在一個容器，別一次淋滿整盤飯，只舀約兩、三匙淋在飯上，吃完兩、三口之後，再淋上燴料。

②不淋在飯的中央。任何國家的禮儀都一樣，從邊緣、最靠近自己的地方開始吃，絕不從中央吃，這是最基本的常識，請切記。

漢堡

吃漢堡也一樣可以練習那五點用餐基礎規矩。

若是今天和男友在一起想要表現好看一點，漢堡怎麼吃才好看？要好看就別吃漢堡☺！因為它非逼你張開大口咬不可。不過有一個小方法，**將漢堡外包的紙豎立起來遮掩嘴部**，就看不到你齜牙咧嘴的樣子（如圖）。

大飯店咖啡廳的漢堡會附上刀、叉，切成四塊用手拿著吃。

歐姆蛋（Omlet）

這是日本發明的洋食。將八分熟鬆軟的煎蛋包住或是蓋在炒飯上，再淋上番茄醬或是法式醬汁。幾乎沒有小孩子不喜歡。

有時會附上刀、叉，有時只有湯匙。有刀、叉時和切牛排一樣從左開始切蛋；叉子則用凹處盛著蛋和飯一起吃。若只有湯匙，就用它切蛋、舀飯。重點是不從中間吃，也不東吃一口西吃一口，從左漸往右移，就可以一直維持盤相美觀。

西班牙海鮮飯（Paella）

這是西班牙瓦倫西亞（Valencia）的名菜，是大夥兒一起熱鬧分食的大鍋飯。

可以各自取或是替大家分，分法是：廚師在烹調時必是將海鮮類均勻分布成放射狀以方便分食（像披薩餅），不會一邊全是蝦，一邊全是貝類。即使沒有均勻分布，拿取時不專攻一個食材，要均勻分配。

再怎麼大家熱鬧吃，也不要忘了那五點用餐基礎規矩。

大飯店早餐的煎蛋

煎蛋是每一個人從小吃到大的家庭菜，「啥！這還有規矩喔？」為什麼陳姐姐會選寫這個最平凡的菜？因為這菜可以培養出一個觀念↓吃完後的盤相美觀乾淨是重要的教養，在任何國度。

比方在大飯店的早餐就吃得高雅一點，重點是如何將半熟的蛋黃不沾汙盤子，吃完後盤底仍是雪白？

反正這不是正式的菜，做不好沒關係，只是好玩，借此訓

練。做習慣了，對其他的菜也會注意盤相美觀的習慣。

煎蛋有分兩種熟度：

◎ sunny side up：蛋黃朝上，半熟。

◎ turn over：上下兩面煎熟。

歐洲人有一個吃法，是先吃完周邊的蛋白，再將半熟蛋黃一口吃下，這樣蛋黃就絕不沾汙盤子。

另一個吃法是在蛋黃上切個小洞，切下一片蛋白沾著蛋黃吃。流溢到盤子的蛋黃可以用麵包沾。

那五個基礎用餐規矩再加上吃完後盤相是一片雪白，區區最平庸的煎蛋也讓你的文化度破表！★★★

義式蔬菜拼盤（Bagna càuda）

義大利北部皮埃蒙特（Piemonte）州的名菜，近年在亞洲也流行。是數種蔬菜沾著由鯷魚醬、橄欖油、蒜等做成的熱醬，健康又開胃。

用手拿還是用叉子吃？如果是大眾化食堂，就用手拿著沾吃ＯＫ。正式餐廳的話，就用叉子吃。

和其他人分食的話沾醬汁只沾一次，**咬食後的蔬菜絕不可再回沾喔！**

法式魚蝦羹（Bouillabaisse）

法式魚蝦羹原本就是漁夫吃的大鍋粗獷的美味，但是鬧中還是有序哦！

如果是兩人份以上的量，這規矩就像吃日式綜合生魚片的大盤（舟盛）一樣，不許光挑自己喜歡的食物，要平均分配每一種食物。

吃法是：將魚蝦盛到自己的盤裡，直接用手剝蝦殼，蝦殼放到裝殼的碗裡。

這道菜會備有刀、叉和湯匙，不少人會手忙腳亂。如何分別使用這三個餐具呢？

使用刀、叉吃魚肉、蝦肉，這時湯匙就放在盤上；使用湯匙喝湯汁時，刀叉就放在盤上，如此交替使用。

在鬧中仍很自然的做出那五個基礎用餐規矩，一餐飯下來一定會有人注意到你出穎的氣質❤。

特集

橄欖油：歐洲三大食文化之一

Chapter 6.

義大利菜：歐洲的「中國菜」，西餐之母

1.

義大利菜——如同歐洲的「中國菜」，是西餐之母

陳姐姐常稱義大利菜是「歐洲的中國菜」，因為有許多相似之處：

義大利菜是西餐之母

不少人對義大利菜的印象是：不像法國菜般的細緻洗鍊，是比較平易的家常菜，所以不必拘小節，不用像吃法國菜般的正襟危坐，在乎禮儀……。不，就如同中國菜是東亞的食文化之母，**義大利菜則是歐洲食文化之母**。西餐文明從洗鍊的烹調法、料理視覺上的美感、精緻的餐具到餐桌禮儀，一切都始於義大利。

義大利半島得天獨厚，兼具地中海型和大陸型氣候，因此寒、熱、乾、濕分明，適合畜牧、釀造葡萄酒，有豐富的山珍和海產的恩典。不只是這些先天

之利，更加上義大利人洗鍊的感性，義大利菜可以說是先天地理優勢加上人文智慧的產物。

十五世紀翡冷翠的郡主梅迪奇是文藝復興文化的大功勞者，他是位非常感性的大金主，米開朗基羅、拉斐爾、達文西等偉大的文藝復興巨匠都是他栽培出頭。也是由他將義大利的飲食文化發揚到法國，之後傳遍歐洲。

他的女兒凱薩琳嫁給法國國王亨利二世時，帶了大批的刀、叉、匙銀器餐具（cutlery）和一群廚師陪嫁過去。法國人這才第一次知道，牛、羊、豬除了整隻拿來烤、用手抓著啃之外，還有文明的吃法喔！法國菜的演進是由此才開始的。

並且凱薩琳王妃實在看不下法國人的野蠻吃法，於是制定了「五十個餐桌規矩」，這是西餐禮儀的開始。

她帶來其他的文化衝擊，如冰淇淋（義文Gelato）也是凱薩琳介紹到法國的。當時法國貴族對這個又冰又甜的口感著實嚇了一大跳。到了十八世紀，奧地利哈布斯堡王朝（Habsburg）的么女瑪麗・安東尼（Marie Antoinette）嫁給法國國王路易十六世，法國菜又因而得到更進一步的洗鍊，特別是在糕點方面。所以比起義大利菜，法國菜是遠遠落後的後起新秀。

義大利菜的做法像中國菜

義大利菜不像法國菜、日本菜烹調的過程分得很多很細，不少菜是像中國菜般的大塊斬剁，大鍋子煮、爆炒、用重油、大火烤，好呷又有力。另外，使用重口味的爆香佐料和中國菜也很像：除了大蒜、辣椒大量使用之外，羅勒（basilico）、牛至（origano）、百里香（thyme）等，可媲美我們的五香、八角、九層塔。

食材也像中國菜

義大利菜和中國菜一樣也吃畜類的五臟六腑，肚、腸、腎、腦、髓……從頭吃到尾。常見的菜：trippa是牛的胃袋；cassoenla是豬肉和豬內臟加高麗菜煮；羊的小腸、肝、脾、肺加蒜和白酒一起炒，就像中國菜的「炒四件」；中國菜用醬油滷，義大利用番茄「滷」。

如同中國菜，東南西北的風味大不同

又如同中國菜，口味是南轅北轍，義大利東西南北的料理幾乎不像是同一個國家的菜。沒錯，因為義大利在歷史上原本是許多獨立的郡國，有各自的文化，在一八六一年才組合成一個王國，並且在地理上各自靠山、靠海、靠大陸，因此食材和口味上的差異大致如下：

◎**北部**：米蘭、威尼斯地區連接大陸，所以口味較接近法國、奧地利。做法、味道較纖細，多使用起司、奶油、生奶和米。

◎中部：羅馬、翡冷翠、托斯卡納地區盛產山珍和肉類，使用生麵。

◎南部：羅馬以南就較粗獷、重口味，多用番茄、大蒜、濃橄欖油。海鮮類多。使用乾麵。

這就是義大利菜之多元化讓人不會生厭的原因。

2.

義大利餐菜單怎麼看、怎麼點？

大多人是從披薩餅和義大利麵開始認識義大利菜，但是去了義大利不要使勁的吃這些，不然很像日本觀光客來到中國、台灣只拚命吃炒飯和餃子一樣。如前述，義大利菜是西餐之母，有太多更美味、更細緻、更具代表性的菜餚。陳姐姐曾經旅遊義大利足足兩個月過，東西南北各地的食材和烹調完全不同，不但不會生厭，回到東京的第二天在家還繼續做義大利菜。

所以若有機會旅遊義大利不要只光上「Pizzeria」，義大利的餐廳有各種稱法，就如中文的「餐廳」、「小館」、「小吃」，從招牌就知道是什麼樣的氣氛、料理和大約的價位：

- Ristorante：是正式餐廳提供的正統料理，也一定有當地特色的料理。但是請學餐桌禮儀再去哦！
- Trattoria：是較平易、具鄉土風味，如同我們的「小館」。

- Osteria：像居酒屋，是喝酒的小館。
- Pizzeria：有專業的職人和正港的窯烤披薩專門店。
- Bar：咖啡店，也可以喝酒的小站。

義大利菜怎麼點？

西餐點菜的基本法則就是如同第1章的「諾貝爾獎晚餐」：前菜、主菜、甜點為主幹。

看你當天的胃口要以什麼當開胃的「前菜」，要以什麼為高潮的「主菜」，至於飯後餘韻的「甜點」是隨意。義大利餐稍微不同的是，多一個麵、飯類的選擇，並且它出現在主菜之前。

點餐的基本例子

每道菜上菜順序及稱法：

- 首先是前菜（Antipasto）。
- 接下來是「第一道菜」（Primo Piatto），指麵、飯類、披薩餅和湯類。
- 之後是「第二道菜」（Secondo piatto），指魚或肉的主菜。
- 可以加個沙拉、溫菜作為副菜（Contorono）。
- 飯後的餘韻則和法國菜一樣，起司配葡萄酒（隨意）。
- 最後是甜點（Dolce）和濃縮咖啡（Espresso）（隨意）。

變化的例子

基本的法則是：**點兩道菜再加一個飯後的餘韻**。至於那兩道菜就隨你組合。

吃午餐，如果是可以隨便一點，因為每一個人的生活習慣不同，有人早餐吃多，午餐少量，或是相反。

兩道菜組合的例子：

◎前菜＋主菜（魚或肉）

◎前菜＋麵、飯類（不吃主菜）

◎麵、飯類＋主菜

◎湯＋麵或飯

◎胃口好的話，前菜＋麵或飯＋主菜

如果是晚餐，則必須點前菜和主菜。如果也想要麵、飯類，但是怕吃不完可以問是否能將量減半，或是點菜時請分為兩人份（在餐桌上分食很沒規矩）。

飯後餘韻

與人共餐的目的不是光為吃，是為共享一個交流的時刻。陳姐姐喜歡西餐的原因是和中國菜不同，西餐飯後的餘韻很長，也才是真正交流的開始。因為吃完飯後血糖上升心情自然會輕鬆愉快，並且手和嘴都不忙了，可以開始集中精神聊天。那用什麼助興呢？

吃午餐的話因為接下來還有一天的事要處理，所以大多不喝餐後酒，以甜點、咖啡作為結束。而晚餐的話就可以盡情點起司加葡萄酒，或是甜點加咖啡，或是兩個都點。餐後的餘韻是西餐落幕的又一個高潮。

3.

義大利菜八大地區的風味和特色

義大利菜單會令人比較頭痛的是常出現「〇〇地區風味」，例如「Génova」熱那亞風味，是代表青醬basilico，以甜羅勒為主的風味（台灣有店家用九層塔來代替羅勒，實在是要不得，因為不僅味道完全不同，九層塔生吃很可怕）。菜單看不懂一點也不糗，就盡量問到懂。不過我們來學習自己看得懂，因為透過菜單可以更深層認識義大利的自然、地理和人文。

和法國菜單一樣，義大利的菜名是將食材、烹調法、醬料全部寫得清清楚楚，不像中國菜的菜名是抽象又「詩意」，比方「螞蟻上樹」「佛跳牆」，讓外國人滿腦「？？？」完全無法想像。

義式菜名例子

風味：含有

Spagetti alla Bottarga

材料：義大利長麵

食材或地名或風味：烏魚子

義大利食的文化的八大區

①Ronbarudia 倫巴底大區
（以米蘭為中心）
②Venezia 威尼斯大區
③Liguria 利古里亞大區
（以熱那亞為中心）
④Emília-Romagna
艾米利亞 - 羅馬涅大區
⑤Toscana 托斯卡納大區
（以翡冷翠為中心）
⑥Lazio 拉齊奧大區
（以羅馬為中心）
⑦Napoli 拿坡里大區
⑧Sicilia 西西里大區
Trento
Aosta
Milan
Venice
Trieste
Turin
Genoa
Bologna
Florence
Ancona
Perugia
L'Aquila
Rome
Campobasso
Bari
Naples
Potenza
Cagliari
Catanzaro
Palermo

前述義大利菜的特徵是每個地區有自己獨特的食材和風味，這個歷史是追溯到義大利在羅馬帝國滅亡後分散成許多郡國，如中國的「邑」的城市國家，直到一八六一年才統一成一個共和國。現在有二十個大區。在食的文化方面，大致分成八大區域風味。

從靠近歐洲大陸的北邊往南：

①Ronbarudia 倫巴底大區：以米蘭為中心靠近歐洲大陸，是一個大平原區，酪農業發達，以仔牛料理和燉飯類聞名。菜單常有「米蘭風味仔牛」及奶醬風味（cream sauce）和扁平型的生麵。

②Venezia 威尼斯大區：以燉飯類和墨魚料理聞名。

③Liguria 利古里亞大區：著名的海港熱那亞（Génova）為中心，這裡盛產橄欖油和各種辛香草，尤其是甜羅勒（basilico）。

④Emília-Romagna 艾米利亞-羅馬涅大區：最普遍的義大利肉醬麵的發祥就在這裡的城市波隆那（Bologna）。以香腸、起司、生火腿聞名的是帕

瑪市（Parma）。麵類是以義式水餃（Ravioli）和千層麵（Lasagna）聞名。

⑤ **Toscana托斯卡納大區**：最著名的是牛排和義大利松茸（Porchini），也盛產葡萄酒和橄欖油。

⑥ **Lazio拉齊奧大區**：以羅馬為中心。以生火腿等肉類聞名，培根蛋麵（Carbonara）的發祥地。

⑦ **Napoli拿坡里大區**：愈往南口味愈重，以番茄、橄欖油為主，也多吃披薩餅、乾麵。並且這裡是海港，有豐富的海產料理。

⑧ **Sicilia西西里大區**：有豐富的海鮮料理，著名的是烏魚子麵（Bottarga）、海膽麵（Ricci di Mare）。

4.

義式麵食（pasta）——長麵、短麵的正確吃法

Pasta是義式麵類的泛稱。在過去，大家較熟悉的大概僅限於所謂的「義大利麵」（Spaghetti）和「通心粉」（Macaroni）；而現在義大利餐廳已普及街角，店家對麵類也更講究、更道地、更細分化了，因此我們也更細分化的來了解，就會遇到最喜歡的種類。因為前述的那兩種，也只是四百種麵類中的兩種。

和歌劇、文藝復興藝術一樣，義式麵類（pasta）也名列義大利的國粹排行榜上（陳姐姐私人排行榜）。但是這義大利「國粹」據說是起源於中國，由馬可波羅傳至義大利。另一個說法是早在二千年前古希臘時代就吃這類似小麥粉做成的麵條了，當時南義大利是在希臘的統治之下，所以之後就成為義大利的主食。不論哪一個是真的，事實是義大利麵是由義大利翡冷翠梅迪奇郡主的女兒嫁給法王亨利二世時傳至法國，之後再傳至英國。到了十九世紀英國工業革命時代發明了機器壓力機，使義大利麵得以大量生產，之後傳遍歐洲、美國。

Pasta的材料分為兩種：

◎乾麵：最常見的所謂「義大利麵」（Spaghetti）由杜蘭小麥（Duran）的麵粉做成。是義大利南部的主食。

◎生麵：一般手工製寬麵是小麥粉加蛋。義大利北部較多。

Duran小麥不同於其他的澱粉，它讓血糖緩慢上升，也不易急降，所以比較耐餓。不少運動選手在比賽之前的主食都吃義大利麵。

雖說pasta有四百種，其實可以說是無限多種。義大利

家庭就像我們一到週日大家就一起包餃子一樣，大家一起和麵、隨你加入任何食材：菠菜、南瓜……，桿成、捏成任何形狀，只要煮得熟，和醬料搭配得好，就任你玩。

一些形狀有趣的麵類就是它的名稱如：蝴蝶、螺絲釘、車輪、蝸牛、珍珠、大炮、小手槍、小指頭，也有 Hello Kitty。

不過形狀有趣並不是為了逗你開心，形狀是有功能性的，是為了便於勾芡住醬料，**每個醬料有它應搭配的麵的形狀**。

麵的種類雖多也只分成兩類型：長麵（long pasta）和短麵（short pasta）。長、短麵的吃法不同，特別是長麵，如果你吃法不對的話和你共餐的人就慘了……

短麵（short pasta）的種類及正確吃法

常見的短麵

- Macaroni：通心粉。
- Penne：斜管麵，適合較乾的醬料。
- Farfalle：蝴蝶麵，適合生奶味的醬汁。
- Conchiglie：貝殼麵，適合番茄、生奶等濃稠的醬汁。
- Rotelle：車輪麵，適合放入湯內，會浮起來。
- Ravioli：義大利餃，如水餃內有肉餡。
- Gnocchi：如中式的麵疙瘩，據說是人類最古老的麵食，羅馬人有每星期四要吃麵疙瘩的習俗。
- Lazagna：千層肉醬麵。

正確又美觀

短麵的吃法

短麵很簡單，只要用叉子盛起來或叉著吃。千層肉醬麵用刀切成一口大，用叉子吃。若只有叉子或是湯匙，就單獨用它吃。

短麵用叉子盛起來或叉著吃。

長麵（long pasta）的種類及正確吃法

長麵又分為乾麵和生麵

①乾麵（使用杜蘭小麥粉、可以長久保存）

◎Spaghetti（義大利麵）：最常見的長麵，直徑約一．五至兩公釐。

◎Linguine（義大利細扁麵）：也是常見的，它的斷面較扁圓，所以名字是「小舌頭」的意思。直徑二．五至三公釐，常用於青醬和海鮮麵（Pescadore）。

◎Capellini（義大利細麵）：最細的細到一公釐，名字是「天使的頭髮」之意，適合做涼麵。

②生麵（使用麵粉加蛋）

●Tagliatelle（義大利寬扁麵）：其寬度約四至八公釐。

●Pappardelle（義大利寬麵）：最寬，其寬度約二至三公分，適合肉味濃厚的醬汁。

正確又美觀

長麵的吃法

吃義大利長麵吸得唏唏囌囌，不但看了噁心、聽了噁心，自己也會吃得嘴邊一片油汙。而且，如果是要用吸的話，那為什麼要配上叉子呢？正規的吃法只有一個，不但乾淨利落不出聲，女士吃完後還可以不必補妝：先用叉子挑幾條麵出來（圖❶），之後在盤底轉著叉子（圖❷），讓麵全部緊捲在叉子上（圖❸），再一口放進嘴裡。

◎注意一次不要捲太多，不然一口放不進去會很難看；切記，絕對不可吸食或從中間咬斷。

◎雖然有時會附上湯匙，以方便叉子在湯匙上捲麵。確實這樣是可以捲得比較緊，但是在歐洲這是不正式的用法。要練到單手用叉子就可以捲緊麵的工夫。

◎寬麵有的甚至寬達五公分以上，就用刀將麵切成一口食用。

◎義大利麵的價值在於咬勁，麵煮到八分熟麵芯還稍硬的程度稱為Ardente，入流的廚師是配合客人的用餐速度才下麵。

◎義大利菜更是要注意上菜順序，不要像吃中國菜般的全部一齊擺在桌上，麵變涼、變軟就完全失去價值了。

◎建議和情人吃飯時不要點墨魚汁麵，因為實在很難避免牙齒黑掉。一個吃法是，麵捲好放入口中時盡量放在嘴的最裡面，只用臼齒咀嚼。但是不敢給你保證。為了你將來的幸福，點別的吧！

5. 披薩餅、義式麵包的吃法

麵包類的吃法

義式麵包佛卡夏和一般西餐麵包一樣，一次剝一口吃。不同的是義大利愈往南愈不用奶油，只用橄欖油。吃法是，倒些在小碟子內，加些鹽和巴薩米克醋Balsamico（隨意），沾麵包食用。

常見脆細長條的麵包棒（Grissini），吃法一樣，每次折成一口大食用。

披薩餅要用手吃？用刀叉？

披薩餅是如同我們的包子、饅頭的家常菜，不會出現

在正式場合或正式餐廳Ristorante，就請輕鬆開懷大口吃吧！問題是它軟趴趴、黏答答，怎麼吃才不會邋遢，不至於毀容？

到底該不該用刀叉吃披薩餅？

用不用刀叉，關鍵在於披薩餅是「拿坡里式」？還是「羅馬式」？

披薩餅的祖先是早在紀元前中國、古埃及、美索不達米亞的文化就有用小麥磨成粉和水，發酵後做成烙餅的食物。

現在我們吃的典型的披薩餅：起司加番茄，是十六世紀在拿坡里誕生的。番茄是在十六～十七世紀在義大利南部開始栽培；以水牛牛乳為原料的莫札瑞拉起司是十七世紀在拿坡里市近郊開發出來的，以這兩個食材的組合作為披薩餅的加料立刻大受歡迎，於是在一八三〇年拿坡里第一家披薩店Pizzeria開店了。

十九世紀義大利國王翁貝爾托一世（UnbertoI）的王妃瑪格麗特（Margherita）來到拿坡里，一家披薩店為她創作了一種上面是番茄、起司和羅勒，紅、白、綠色象徵義大利的國旗的披薩獻給她。這就是拿坡里最具代表性的瑪格麗特披薩的由來。

拿坡里式比薩的特色是邊緣的皮厚，中間是又軟又薄，烤得好是極需要工夫的。拿坡里最著名的披薩店Sorbill的職人表示「要極高溫的窯，只烤五十秒」，才能烤成如此邊緣皮脆而中央是軟趴趴。

但是這用手拿著吃不方便，就用刀叉先切下前半吃（如圖），最後的厚皮用手拿著吃，或剩著也ＯＫ。這樣是最不會毀容的吃法。

羅馬式是硬脆型，上面的食材較豐富，當地特產的食材什麼都可以加上去，這種就方便用手拿著吃。藕斷絲連的起司就用刀叉幫忙清理糾纏。

如果是在稍正式一點的餐廳Trattoria點披薩餅，有小型一人份的話，就不必割成放射狀，如同一般料理，用刀叉從左邊開始一片片切下來吃。

特集

橄欖油：歐洲三大食文化之一

歐洲大地的母奶

南歐濱地中海的區域有一個共同的景色：藍天、碧海、白牆和橄欖樹。橄欖油是孕育悠久的歐洲文化的「植物母奶」，是歐洲三大食的文化之一。

橄欖油是地球上最古老的食用油，也頻頻出現在希臘神話裡。最早是約八千年前生長在西亞、伊朗高原、巴勒斯坦地區；七千年前開始生長在溫暖又乾燥的地中海區域；西元前三千年的埃及王墓裡也有橄欖陪葬。橄欖油一直是南歐人營養的泉源，血肉的一部分，就像大地之母般受敬愛。在希臘，馬拉松賽跑冠軍的獎品是一棵橄欖樹苗。

的確，橄欖的生命力非比尋常。義大利西西里島南端一個小鎮阿格里真托（Agrigento），有二千五百年前腓尼基人蓋的一排希臘式神殿，現已成了世界遺產。這個小鎮位於地中海的崖岸上，幾千年在酷風炎陽下已經乾旱得寸草不生了。在那一片焦黃的乾土上，除了被腐蝕的神殿遺址之外，竟然聳立著好幾棵綠油油的橄欖樹，都有千年的樹齡。

這吸取大地精華的橄欖所榨成的油，它的「氣」與「能量」不是沙拉油可以相比的。橄欖油抹在身上或吃進體內，都是美容與健康的「聖油」。

健康方面

家父是內科醫生，他經常推薦多食用橄欖油。橄欖油的主要成分是甘油三油酸酯（Olein）和亞麻油酸（Lino-lic），是不飽和酸的抗氧化物質，也是對胃負擔最少的油。有益於健康之處：

- 甘油三油酸酯能使壞膽固醇LDL（動脈硬化的元凶）下降，使好膽固醇ＨＤＬ上升，促進血液流暢，防止心肌梗塞、腦梗塞、狹心症等。
- 甘油三油酸酯又可促進鈣質在體內的吸收，增強骨骼發育。
- 促進膽汁分泌，幫助消化，預防膽結石。

◎最近的新發現，橄欖油對糖尿病也有益。一般糖尿病患者要少攝取脂肪油質，但橄欖油能促進胰島素的分泌，反而是有益於糖尿病患者。

美容方面

◎保養聖品。不飽和酸不易和氧結合，因此能形成強烈的保護膜，不讓紫外線侵入體內產生活性氧，造成黑斑與老化。

◎橄欖油含雜他命Ｅ、Ａ，可防止細胞老化。

◎具保濕作用。

◎抗發炎。橄欖油自古希臘時代到今天，都是燒傷、燙傷的妙藥。

義大利的橄欖油和吃法

全世界有一千一百二十二種類的橄欖樹，義大利就占五百三十八種類。雖然橄欖油產量最多的是西班牙，有兩億顆以上的橄欖樹，但是只占兩百七十二種，可見義大利橄欖油品種之多。也真不愧是義大利的「國粹」，在米蘭機場有一大片專櫃販賣全國各地的橄欖油。

橄欖油和葡萄酒一樣是依土質、氣候、日照時間的不同，橄欖油的酸度、顏色、香味、味道也大不同。也如同葡萄酒的酒莊「Chateau」，每個農莊都有當地特產的橄欖油。

有機會旅行義大利鄉村的話，比較看看各地的橄欖油的色、香、味。

義大利南北狹長，各地橄欖油的特色：

- 北部：酸味低，味道較細膩較薄，有果香。但是南部人嫌它不夠味，譏笑它是「果汁」。
  不過它適合北部纖細的料理。
- 中南部：托斯卡納區的橄欖油是最高級品。濃厚香醇，搭配魚或肉都適合。
- 西西里島：酸度最低，適合魚、貝、海鮮類。

有趣的是，在山岳地帶所產的橄欖油，適合用於肉類、菇類；平地產的油，適合蔬菜與起司類；濱海所產的油就適合魚、貝類。這個組合似乎是老天替我們安排好的。

橄欖油主要分為兩種：冷壓（virgin oil）和純油（pure oil）。

「冷壓」是將橄欖壓榨後，將果汁與油分離就立即裝瓶。酸度在一%以下，適合生吃。「純油」是經過提煉、脫臭等精製處理，酸度在三%以下，適合炒、炸。

在義大利餐廳的餐桌上大多會擺瓶綠色橄欖油，這叫 table oil，大多是冷壓並且是頭一榨，叫初榨橄欖油（extra virgin oil），任你加入沙拉等料理內。

義大利人是懶得賺錢嗎？自己農莊產的油都懶得動腦筋外銷，所以要品嚐當地新鮮、獨特風味的橄欖油就只有在當地各鄉村。陳姐姐去義大利幾乎什麼菜都愛再淋上大量的、只有當地才品嚐得到的橄欖油（讀者啊，這個不要學），值得為它犧牲身材。但請切記，奶醬、白醬的菜餚不適合加橄欖油。

在食的文化方面，若說法國之旅是葡萄酒鑑賞之旅的話，那麼義大利之旅可以說是橄欖油鑑賞之旅。

陳姐姐在千年橄欖樹下大口野餐。

Chapter 7.

葡萄酒：歐洲三大食文化之一

料理加葡萄酒才完成西餐

不喝酒的人，
這是一門有趣的自然科學

1.

西餐是以喝葡萄酒爲前提的料理

葡萄酒和起司、橄欖油並列為歐洲的三大食文化。近年考證葡萄酒的發祥地是在西亞的喬治亞約八千年前，現被列為世界文化遺產。在兩河流域文化、羅馬時代就普遍飲用了。

西餐料理是為了佐酒才開發出來的。就如同中國菜是以「配白飯」為前提調製的，**西餐則是以「喝葡萄酒」為前提調製的。**

一口菜一口酒在味蕾上產生的互補、相乘的化學變化，方能使西餐料理達到美味的巔峰。壺要加蓋才完成一個整體。但是有一個前提：如果酒和菜配得對的話……

葡萄酒別於其他一切酒類之處在於它種類多、味道複雜。它因品種、產地的土質、天候之別形成成千上萬種的個性，又要搭配成千上萬種的菜餚，光

是這個就令人霧煞煞了，再加上一個不太好的氛圍：不少人一碰到葡萄酒就會失去平常心：把葡萄酒作為擺闊顯示「高級」的工具；或是「懂葡萄酒」就像當上了名譽白人似的失去平常心。這個心理障礙是因為沒有看見葡萄酒樸實的「科學功能」，以及沒有掌握住它根本的法則才會盲目抬舉，也因而錯失了真正的享受。此外，這樣也製造出大眾對葡萄酒感到無止境的難、無止境的深……，本章會教你止境！

陳姐姐立志要擺平這個氛圍，讓大家以科學原理享受它，喝出它的價值。雖然要將又多又複雜的事簡單地說明是很難，不過陳姐姐整理出它的原點和基本法則，使任何人一看就懂，很平易的享受到味蕾的歡愉。

味覺是科學。人類味蕾的機理是不分食物，所以你若是懂得品茶也就懂得品葡萄酒（但需要一些知識）。

本章是即使不喝酒的人，除了這是一門必備的國際文化教養之外，也會因而更認識味蕾的構造。並且會發現葡萄酒是一門**有趣的生物自然科學**。

首先我們要除去另一個造成心理障礙的誤解：不少人以為「葡萄酒的知識」是要懂得像專業酒侍般才行？就是因此才會受挫。陳姐姐說「止境」的意思就在於此。我們亞洲人的體質不像歐洲人天生有大量的分解酒精的酵素所以酒量好，可以餐餐喝葡萄酒喝成「通」。另外，酒侍的專業是追求一百分的那個**「點」，但是其實我們一般人只要掌握核心的法則，達到「面」→一個正確的範圍就足夠享受了。**

掌握這三大要點就可以自己點、自己搭菜、自己收藏，足夠成「通」了：

- 掌握最普遍的六個紅酒、五個白酒的葡萄品種和個性。
- 搭配菜餚的法則。
- 品酒的科學和禮儀。喝法有對、錯，品味有好、壞，才不暴殄天物。

葡萄酒的價值不在於價格，在於你有沒有發揮它的價值的喝法。

2.

世界上最易懂的法則

——只要掌握這幾個紅、白葡萄的品種和個性

葡萄酒和食物的結合法文叫Mariage（結婚）。當月下老人是不是首先要掌握雙方的個性？雖然陳姐姐想除去門檻讓讀者輕鬆學，但是這個你逃不掉，必須背下這幾個主要的紅、白葡萄品種的名字和個性。只要掌握這兩點，天下就是你的了。

因為酒、菜配對要考慮的因素是：

①首先依料理，先看是要紅酒、還是白酒？

②接下來決定要什麼個性，比方重澀、淡澀？要剛強、柔順？要乾辣？酸味強？或是帶甜（鵝肝醬適搭）？所以要記下這些常見的紅、白酒的品種和個性。

據估計世界上有五千種葡萄品種，本書選出十一個在市面上最常接觸的。要更進階，就嘗試同一個葡萄品種在不同產國產地、不同年分及各酒莊的混釀。

至於搭配的法則，我們吃港式飲茶油膩的排骨時，會想要喝重發酵的普洱茶、鐵觀音茶吧？吃蛋糕甜點時自然會想喝淡雅清香的紅茶，這樣才不會掩蓋掉蛋糕細膩的味道，不是嗎？這就已經抓住了葡萄酒的最基本法則了。

酒的搭配法則只是順著人類一般生理反應的邏輯而已，是個很活的遊戲。只要了解法則就不用死背（但有些西方獨有的食材比方起司、鵝肝醬、魚子醬、奶醬等，對其搭法會比較陌生，後面詳述）。

先決定大方向：是要紅酒、白酒、粉酒？

紅酒為什麼是紅色？

紅酒不是因為使用紅葡萄才呈現紅色。紅酒的原料是黑、紫葡萄，將果皮、果肉和種子全部都加進去一起發酵，因此產生紅顏色。

紅酒的顏色就像紅寶石，有紅、紫、黑紫色等。

黑葡萄的皮和種子含大量的單寧酸，紅酒的澀味就是由此而來。近來，發現紅酒含有對人體有益的成分，特別是對心臟機能、心肌梗塞有益。另外，紅酒多酚也可除去體內的活性氧。

為什麼一般說「吃肉配紅酒」？

這並非落入俗套，因為丹寧酸是強鹼性，可以中和肉類的酸性，澀味可以去掉油脂，爽口不膩。

白酒為什麼是白色？

白酒也不是因為使用白葡萄。原料是淡色葡萄，甚至也會用黑皮葡萄。不同的是，白酒是將葡萄壓榨後，除去外皮和種子，只留下果汁發酵，所以單寧酸少，沒有澀味。白酒的顏色有琥珀色、淺黃、金黃、透明等。

為什麼一般說「吃海鮮配白酒」？

這也是有根據的。因為白酒的單寧酸成分少、沒有澀味，果香較濃。白酒含的酒石酸、蘋果酸等酸類成分，會使清淡的魚肉、海鮮類味道更加襯托出來。

白酒的範圍很廣，從極甜到極辣都有。

甜白的貴腐酒，有從較平價的索甸酒（Sauternes）到比它貴一百倍的伊甘堡酒（Chateau d'Yguem）。

玫瑰酒為什是玫瑰色？

玫瑰酒的釀法基本上和紅酒一樣，不同之處在於發酵初期就馬上除去葡萄皮和種子，因而呈現玫瑰色。

玫瑰酒沒有澀味，與雞、鴨肉類（家禽類，而非野禽類）、德國火腿、香腸的菜餚很搭。

十一個主要的紅、白品種（唯一要背下來的）

全世界北緯三十至四十五度、南緯二十到四十五度，平均氣溫十度C到十六度C，日照時間、適度的水分和土質的地方都適種植釀酒用的葡萄。從產量最多的法國、歐洲、美國加州，到「新世界的酒」之稱的後起之秀南美、南非、澳洲。本書選出**市面最多、世界種植最普遍的**六個紅酒、五個白酒品種。

六個主要紅酒品種

1.	Cabernet Sauvignon 卡本內蘇維翁
特徵	◎ 法國紅葡萄酒最主要的品種，波爾多酒的代表品種。適合長期釀，最高級的葡萄酒之王如拉菲堡（Chateau Lafite）、瑪歌堡（Chateau Margaux）、拉菲侯奇堡（Chateau Lafite Rothschild），就是這品種的代表。 ◎ 剛強、澀味重、糖分高、香味強、深邃複雜、飽實感強。 ◎ 大多是混釀其他品種。適合長期收藏。
原產地	法國波爾多。特別是梅多克（Medoc）地區的品種最高級。
不同產區	◎ 生產地分布全世界。加州的納帕谷、澳洲、南美。 ◎ 依當地土質、日照、水量不同，色、香、味都不同。 ◎ 美國加州產的澀、酸味俱存，所以可單一釀造，較強勁。
適合菜餚	若比喻為中國茶的話，有如鐵觀音吧。適合口味重、油脂多的肉類，牛排、羊排等。

2.	Pinot Noir 黑皮諾
特徵	◎ 並列為高級葡萄酒，世界最貴的名酒羅曼尼・康帝（Romaneé-Conti）就是此品種單一釀造。 ◎ 個性雖強，但澀味、酸味平穩，香味馥郁。 ◎ 年輕的酒有新鮮果味;陳年酒有複雜的香味。
原產地	法國勃艮地。
不同產區	它雖也通布全世界，但是它很「龜毛」，唯獨長在寒又多層不同士質的勃艮地才成頂級（有趣的原因在本章最後面）。
適合菜餚	若比喻中國茶，如同頂級的高山茶吧。搭配不太腥的肉類，像豬肉、烤雞、燒烤的魚或紅肉的鮭魚、鴨肉。

3.	Merlot 梅洛
特徵	⊙ 口感柔和優雅，酸味、澀味少，果香濃，適合入門者。 ⊙ 有飽實感，在法國是次於卡本內蘇維翁，產量占第二。 ⊙ 它和卡本內蘇維翁混釀會使它柔和，也可單釀。
原產地	法國波爾多的右岸。（左岸，右岸的不同後詳述）
不同產區	世界廣域生產，義大利、日本也產。濕氣重的土質會有類似動物的香味;日照多的土地，香味較不複雜，有濃果汁的味道。
適合菜餚	若比喻中國菜，如同東方美人。適合不油膩的肉類，如燉煮牛肉、豬肉、烤牛肉（roast beef）。

4.	Syrah 希哈
特徵	⊙ 男性化、粗獷、強勁，酸味、澀味強。 ⊙ 適合長期醞釀。
原產地	法國隆河流域。
不同產地	世界廣域生產，澳洲、南非、智利。愈往北愈強勁。 澳洲產的日照長，糖度高。
適合菜餚	若比喻中國茶的話，像普洱吧。搭配重酵硬質型起司卡達起司（Coda Cheese）、燉羊肉。

5.	Gamey 加美
特徵	⊙ 薄酒萊的主要品種，帶酸，清爽果香，單寧酸少，不宜久釀，早早喝。
原產地	法國勃艮地南部薄酒萊區。
不同產地	東歐、土耳其也產。
適合菜餚	將它比喻為「包種茶」可嗎？輕口味的酒，所以幾乎什麼菜都可。較適合油少的肉。

6. Cabernet Franc 卡本內弗朗

特徵	⊙ 法國波爾多右岸聖愛美濃（St. Emilion）盛產，口感柔和，帶酸味，澀味少。大多用於混釀，釀期短。 ⊙ 最新的發現，它其實是卡本內蘇維翁（Cabernet-Sauvignon）之母。
原產地	法國波爾多右岸，羅亞爾河流域。
不同產地	義大利北部、智利、美國都廣域生產。
適合菜餚	輕口味，什麼菜都可以，雖是紅酒，但甚至魚貝類也可。

這幾個最高級紅酒的名字要記下來，因為若這酒上桌，它可能比一桌的料理都貴，主人不會特意說：「這是名貴酒喔！」而你不識貨的話就很掃興。

- Chateau Latour（拉圖堡）
- Chateau Margeaux（瑪歌堡）
- Chateau Lafite Rothchild（拉菲侯奇堡）
- Chateau Mouton Rothchild（木桐堡，超剛強男性化）
- Chateau Haut-Brion（歐布里雍堡，超香）

五個主要白酒品種

1. Chardonnay 夏多內

白酒的代表品種，稱為「白酒的女王」，名酒夏布利（Chablis）的原料。

特徵	◎ 色：金黃、琥珀色，有的是透明。 ◎ 香：果香味濃。寒地產的帶柑橘香；暖地產的是較甜的熱帶果香。 ◎ 味：乾辣，酸味均衡，有深度。 ◎ 口感：因產地全球而異，從剛硬至柔都有。飽實感強。
原產地	法國勃艮地。
不同產區	全世界產，從寒地到暖地。也是美國加州酒的代表；澳洲、南美也盛產。 ◎ 美國加州：溫暖又日照長，富有熱帶水果味。 ◎ 澳洲：較酸。
適合菜餚	◎ 油脂多的魚肉。 ◎ 奶油煎雞肉。 ◎ 義大利麵、飯 ◎ 帶殼海鮮類，比方吃牡蠣是「必配」夏布利（Chablis）。 ◎ 生奶的菜餚。 ◎ 炸雞、炸魚

2. Riesling 麗絲玲

特徵	德國白酒的代表，香味優雅並有銳利的酸味，大多是甜味的釀法。 ◎ 色：淺黃。 ◎ 香：花香、水蜜桃、蘋果香。 ◎ 味：從乾辣到極甜都有。
原產地	法國阿爾薩斯、德國。
不同產地	美國、澳洲等世界廣域生產，溫帶地區有白色花香；寒帶地區像德國摩塞爾河區（Moselle）的酸味特別強。愈往北，味道愈酸。
適合菜餚	◎ 炸海鮮。 ◎ 天婦羅。 ◎ 蝦、蟹、帶殼海鮮類。

3. Sauvignon Blanc 白蘇維翁

特徵	銳利的酸味，也用於氣泡酒（sparkling wine）。 ⊙ 色：淺黃色，帶點綠色。 ⊙ 香：青草香。 ⊙ 味：乾辣和清爽的酸味。 ⊙ 口感：強勁、飽實感輕度。
原產地	法國羅亞爾河上游和波爾多。
不同產區	長在寒帶地區的有檸檬、蘋果的新鮮香味；長在溫帶區的有洋梨味；長在太陽普照之地的有熱帶水果味。
適合菜餚	⊙ 燻鮭魚。 ⊙ 生魚片。 ⊙ 雞肉。 ⊙ 義大利麵、飯。 ⊙ 沙拉。 ⊙ 一切海鮮類。

4. Muscadet 密斯卡岱

特徵	入門者適宜，平價白酒，有檸檬、柑橘類的酸味。 ⊙ 味：乾辣的酸。
原產地	羅亞爾河流域。
不同產地	德國、義大利。
適合菜餚	日式壽司、天婦羅、生魚片、牡蠣。

5. Semillon 賽美雍

特徵	世界三大貴腐酒：極甜的貴腐酒（Sauternes，索甸酒）的原料。 它因薄皮，細菌易入，適用於貴腐酒。
原產地	波爾多。
不同產地	澳洲、南非、智利。
適合菜餚	餐後甜酒。

3. 酒標是身分證，怎麼看？

看酒標不需要外語能力。剛才請你記下來的葡萄品種的個性以及各產地的特性就在這裡派上用場，沒有這些知識會像似在看無字天書。

酒標是如同葡萄酒的「身分證」：出生地、生日、血統、生產者（父、母）和經歷，一切有關這瓶葡萄酒的身世都記載在內。並且有政府的認證，絕不會造假。

酒標義務記載事項

①產國、產地、產區名。
②製造者（Chateau，酒莊）。

製造商　品牌名　等級 AOC

葡萄收成年分　產國法國　容量（75cl＝750ml）

③年分。
④葡萄品種（但是混釀酒不記載）。
⑤等級。

酒標也猶如命盤，從酒標上的資料可以推斷出它的個性：是剛？柔？辣？甜？澀？酸？輕？重？以此判斷它對菜餚是冲剋？還是貴人？（後詳述）

何謂等級？

酒標上的「酒的等級」，這是政府認定的：
①AOC：這是法國政府指定的區域所產的最高級葡萄酒。
②VDQS：只限於產地的上等酒，由國立研究所的酒專家鑒定通過的好酒。產量很少，不到一%，所以很少外銷。若去法國鄉下旅遊，可

什麼是Chateau？

酒瓶的酒標上常寫著「Chateau」，因為中古世紀時是在城堡內釀酒，所以現在稱葡萄酒莊為「Chateau」。在波爾多地區有八千多個Chateau。

以多找此類酒喝。

③**地方酒**：一般村郡農莊所產的酒，屬於中級酒。

法國政府指定的限制區塊是：地域名、地區名、農村名，甚至只有一塊葡萄田。指定的範園愈窄、愈嚴格，酒愈高級。比如世界最高級，平均一年只產約六千瓶的羅曼尼．康帝（Romanée-Conti），它的指定範圍是窄到僅一．八公頃的一塊葡萄田（Climat）。

達到頂級AOC規格標準的葡萄酒約四百多種。價格高，個性強，大部分是波爾多和勃艮地所產。

何謂甘甜度？為什麼重要？

甘甜度是與菜餚合不合的一個關鍵因素。香檳的酒標上會標註乾辣或是甘甜：

- 乾辣（Brut）：糖分低，不甜。
- 甜（Sec）：含有糖分，有甜味。
- 中辣中甜（Demi）：介於辣與甜之間。

何謂「好年」？

同樣的葡萄品種，同樣的一塊田地，會因每年的氣候、日照時間、雨量、氣溫高低的變化影響葡萄的味道。

那所謂「好年」是什麼樣的氣候？

一般會認為是「風和日麗」、「氣溫舒適」……。不，正好相反。嚴酷氣候下生長的葡萄才會濃厚又芳醇。比方白天日照時間長、少雨，一到晚上氣溫驟降，降霜、降霧。再加上葡萄生長期日照時間要一千三百至一千五百小時，並且到最後階段、收成前的三個月內必要晴多少雨，也是條件。

好年年分的果實適合長期久釀（早喝反而太澀太強），成為偉大的陳年酒（Vintage）。

價位低的葡萄酒，並且酒標上很簡單就只有酒名和產地名，沒有標示年分，這是餐酒（Table Wine），即平常喝的普通級的酒。因為是由數種葡萄混釀成的，酒的成分很安定，所以不標示年分，並不是品質不好。

混釀葡萄酒是需要許多經驗與極致的感性才能釀造出最好的組合。曾獲得世界侍酒師比賽冠軍的日本人田崎先生說，憑自己的感性可以挖到寶，廉價的無名酒裡也有逸品。

4. 如何點酒、試酒和品出酒的價值？

試酒的目的

在餐廳點酒後，侍者會拿酒來請您做試酒的小儀式。試酒的目的是為了確認品質是否無恙，因為有時保存狀況不好或是軟木塞龜裂會使酒變質。

酒侍先請你確認牌子之後開瓶塞。軟木塞拔起後，酒侍會先聞一下塞底，其實這個時候即可知道品質是否無恙。（有些客人自己也聞一下木塞，這是沒有必要的）。

所以說試酒只是一個表面的儀式。雖是如此，但是不喜歡虛偽假仙的陳姐姐並不抗拒，因為，若料理是男主角，葡萄酒就是女主角。主角要登場時，有個儀式來提高餐桌上的興致，何不？

試酒的方法

試酒和品茶一樣，以眼、鼻、舌欣賞酒的色、香、味。

酒侍會問是哪一位試酒？一般是男士，但是女士較有知識的話，女士試酒也當然ＯＫ。

試酒的步驟：如圖❶～❸，先舉杯看酒色，接下來聞其香味，最後喝一口（稍在舌上滾一下），然後對侍者說ＯＫ，侍者才會正式替每一位倒酒。

如何品出色、香、味？

試酒只是一個儀式，酒侍和其他客人都在等你回答後才能正式開宴，所以試酒時不要一個人陶醉太久。不過接下來就可以細細品味慢慢陶醉了。

如何品出葡萄酒的價值所在？只要理解葡萄酒獨特的色、香、味的深度，就不會再像灌啤酒般的一口飲盡了。

①視覺：看什麼？

● 看顏色：同樣一個品種會因產地不同，或是混釀後顏色的變化。紅酒有各種「紅」，就像紅寶石一樣，有深紅、紫紅、鮮紅、淡紅……白酒也有各種「白」，比方最普遍的夏多內（Chardonay）依不同產地顏色是千差萬別，琥珀、金黃、淡黃、草綠、透明……

● 看光澤：年輕的酒是欣賞其清澈透明；陳年酒是欣賞其深邃光澤。一個技巧是，不要對著燈，否則看不出酒原本的燦耀。

● 看黏稠度：傾斜酒杯，輕晃一下，可看出酒的黏稠度或是輕快度，比方最普遍的紅酒品種卡本內蘇維翁是黏稠性高。

欣賞酒時以白色桌布為背景，就會更清楚。

②嗅覺：聞什麼？

香味更是品酒的經典。初級者聞它表面的果香、花香，或是草香。更進階的人聞它的 aroma「芳香」和 bouquet「醇香」。

任何人剛開始都會灰心的說：「我只聞到酒精味啊！」沒錯，因為酒精是最快揮發的。知識可以開拓感性，若你有下面的知識，下次大腦就會從你人生的記憶匣裡搜尋出這些香味。這是如同聽交響樂，聽多了，耳朵就會辨明各種樂器：

- aroma 芳香：分為第一 aroma 和第二 aroma。第一 aroma 是葡萄本身的香味。是花香？菜香？果香？如桑葚、李子、蘋果、柑類、櫻桃、玫瑰等等。第二 aroma 是釀造發酵後的乳酸菌香，是新鮮味或成熟味？
  先聞一次之後轉一下酒杯（二～三次就好），催促酒內的重分子成分的氧化，會又是另一個味道。
- bouquet 醇香：也稱為第三 aroma，在橡木桶或瓶裝後持續成熟形成更複雜的香味。是包羅大自然萬象的氣味：腐葉味、草皮味、菇菌味、濕土味、燻烤味、皮革味、動物味……，大腦會在你人生經驗過的一切氣味的記憶匣內不斷地搜尋，對號入座。這就是為什麼葡萄酒通會聞香味聞到忘了喝……

③味覺：品什麼？

葡萄酒有趣的是，它別於一切的酒，在口中有多樣的刺激。

● 味道：首先是味道。陳姐姐請你不要大口灌葡萄酒，不是因為你要裝優雅或抬舉它，是有科學原理的：

人的舌頭的味覺構造是，前端感覺甜味，兩側感覺酸味，中間是澀味，根部是苦味。所以讓酒在舌上輕滾一下刺激各部味覺以感受其澀、酸、甜味哪個突出？或是均衡？酒愈陳味道愈複雜，年輕的薄酒萊就很單純。（至於酒杯的構造如何刺激舌頭改變酒味？後章詳述）

● 口感：是剛硬？柔和？清爽？銳利？

● 飽實感：稱body，也就是感受它的密度、扎實感。飽實感分三種：輕盈酒體（light body）、中度酒體（medium body）和飽滿酒體（full body）。

◎回味餘韻：你知道嗎？人是唯一能「吞下食道之後氣味又再湧回鼻腔」，可以回味後勁的動物。喝下去後湧回鼻腔內的酒香又是一個品法，所以請你慢慢品酒，就是多享受一下當人的特權。

試酒一定要說OK嗎？

有一件事需要說明：試酒的目的不是看你喜不喜歡，而是確認葡萄酒的品質有沒有問題。若你點的酒侍者確定無恙而是你自己試酒之後不喜歡、不要了，還是要付錢的哦！

有位朋友偷偷告訴陳姐姐，一位日本大牌政治家一向自豪為葡萄酒通，有一次和他用餐點了上好的酒，竟然連開三瓶都說：「NO！」我的朋友很替餐廳擔心想必損失不少就去廚房慰問一下老闆，卻見餐廳人員都高興的在廚房裡暢飲這位政治家的「請客」。結帳時，方知三瓶全在帳單上。

在餐廳如何點酒？

如何與酒侍打交道？

高級餐廳的葡萄酒有上百種。酒侍既是酒專家也悉知自己餐廳的每個菜餚的口味，因此他會建議最精確的搭配。

首先，告訴酒侍你點的菜。也可以告知你或同伴的喜好，比方：「要柔一點，較不澀的」、或是「剛硬的白酒，但不喜歡太酸」。不必擺闊，就告訴他你的預算範圍。不好意思讓同伴聽到價格的話，就指著酒單上的價位說：「差不多這個範圍。」

在歐美星級的餐廳，不要認為套餐不過一、二百歐元負擔得起就去，因為要額外考慮到酒費。酒和菜的質必須對等。在正式餐廳點酒的價位是全部餐費的三十％以上，三星級餐廳是五十％以上，甚至一瓶酒比餐費貴也是平常。

點酒的竅門：酒的順序、韻律和量

講究一點的話，人數夠、酒量夠的話，每道菜可以搭不同的酒。喝的順序是重點：先薄後濃、先輕後重、先涼後溫、先乾辣後甜。如此有節奏，味道高低起伏、強弱分明，品酒更添樂趣。

人數不多但想喝多種酒，在量上可以調整。量有各種選擇，可單點一杯或一玻璃瓶（Carafe，500ml），一整瓶 750ml 約六、七杯，由你自由組合。（好酒只賣整瓶喔）。

舉例：先點一杯白酒配前菜，之後點一玻璃瓶或是整瓶紅酒配主菜和餐後的起司。

酒量不好的人，可以只點「杯」。先點一杯白酒，之後再點一杯紅酒配主菜的肉。

餐廳自家酒（House Wine）

餐廳都有自家精選、價廉物美的酒稱 House Wine。這大多是非常隨和，和什麼菜餚都合的「最大公約數」的酒。House Wine 是零賣的，可點一杯，或一玻璃瓶。

在歐洲鄉村或是平價食堂，有時點自家酒會來一大瓶，這是由你自己倒，喝幾杯就幾杯的錢的意思。

5. 酒＋菜——世界上最易懂的法則

你之前辛苦背下來的知識，就是為了這個！來吃喝吧！

搭菜的原則

不少人私下說其實不喜歡紅酒因為覺得很澀，但是不敢講怕被笑「不會喝」。不！恭喜你有正常的味覺，要怪的是搭配的食物。

若你是邊吃著味道濃厚、油脂多的肉，會好感謝這個澀味，它結合脂肪在嘴內產生相親相愛的化學變化。

英文 chemistry 是「化學」也是「性相」的意

思，這「一字雙意」用來比喻酒加菜的結合是最恰當不過。

酒搭食物的結合法文稱 Mariage（結婚），而千萬種類的酒要搭千萬種類的菜，要如何配對？

其實這和你吃著炸臭豆腐，會邊想吃酸泡菜的原理是一樣的；或是吃港式飲茶的油膩排骨、肥腸時，會想喝重發酵的普洱茶、鐵觀音茶的生理需求是一樣的。**你會發現這些搭配法則，只是順著人的生理上理所當然的反應，**並不是法國人特別高竿，或刻意製造出來的規則。

當酒和菜的月下老人是個好吃又有趣的遊戲，但若是亂點鴛鴦，會在嘴裡發生「家暴」。比如，清淡的魚肉若配上強澀的紅酒，就完全抹煞了魚肉味，也突顯出酒的澀味好粗暴。理想的夫婦關係是：互補、相乘，讓彼此更好吃、更好喝。或是完全相反的個性，也可襯托出對方的長處，比方我們吃鳳梨撒點鹽會更感到甜味的效果。歐洲人吃肉味濃的 gibier 野味肉時（山豬、鹿肉等），大多是喝剛強的紅酒；但是有時反而喝帶甜的白酒。有許多意外的交集等待你去發掘，不過有三個基本的法則。

搭菜的法則，主要看料理的這三點

1. 食材：吃肉？吃魚？

「肉要搭紅酒，魚要搭白酒」前述這不是俗套。紅酒的單寧酸澀味可以去血腥、去油脂，其強鹼性可以中和肉的酸性，幫助消化；白酒的蘋果酸可以襯托出淡泊的魚肉，也可去魚腥。也是有例外（後述），先以此為基礎。接下來要考量肉和魚也有分紅肉和白肉。紅肉是帶血氣、腥味重，白肉是淡泊。也考量它是帶著厚油還是無油。例：

肉類

- 肉腥味重的紅肉（牛、羊、鹿）搭配紅酒。個性剛強，重澀，飽實感足。
- 淡腥的白肉（豬、雞、兔）搭配柔和紅酒或剛強白酒。
- 野味（鹿、野豬）搭配較複雜味、剛強的紅酒。

魚類

- 重腥的紅肉魚（鮪魚、鮭魚、鰻魚）搭配淡澀柔和的紅酒，或剛強乾辣白酒。
- 淡腥的白肉魚（石斑、青衣、比目、鱸魚）油脂多的搭配剛強白酒；油脂少的搭配清爽白酒。
- 重味的貝類搭配濃郁、帶酸的白酒。
- 猶豫不決時，就選中立性的夏多內（Chardonay）就行了！

義式麵、飯類：生奶調的料理適合白酒。

酒＋菜實例表：

葡萄品種	搭配菜色
Cabernet Sauvignon **卡本內蘇維翁**	烤羊排、牛排、烤鴨和深色佐醬的菜。
Pinot Noir **黑皮諾**	烤雞、豬肉、鮪魚燒烤。
Merlot **梅洛**	燉肉、燉鰻魚、烤鮭魚、台灣的甘蔗雞（個人偏愛）。
Chardonnay **夏多內**	奶油煎豬肉、煎雞肉、生蠔、蟹、蝦、貝類、日本菜。
Sauvignon Blanc **白蘇維翁**	烤豬肉、檸檬雞、燻鮭魚、濃起司沙拉。
Riesling **麗絲玲**	香腸、淡味海鮮、日式天婦羅、壽司、生魚片。

2. 佐料

佐料也是決定酒類的關鍵。

但是很簡單，佐料的顏色是深色，就喝紅酒，淡色就喝白酒。佐料的原材料是紅酒熬的，就喝紅酒；是白酒調製的，就喝白酒。

重味佐料就搭配強酒；清淡佐料就搭配淡柔酒。

法國菜的食材和中國菜幾乎一樣。比如，世界上懂得吃鴨肉的只有法國人和中國人，因為鴨肉腥味重，沒有高明的技術很難調理成佳餚。另外一個相同之處：一隻牛可以從頭吃到尾，內臟也吃得一乾二淨。法國人也吃鰻魚、猪腳、豬血（Boudin）、牛腦（Cervelle）等。

這些腥味重的食物，大多是以紅酒調煮。

◎鰻魚多以淡紅酒烹煮，所以搭配淡紅酒。

◎法國菜的鴨肉大多先烤過，再以橘子汁和紅酒烹煮，所以搭配強紅酒。

◎雞肉的腥味少，多以白酒煎煮，所以搭配白酒。

這是陳姐姐吃中國菜、台灣菜不喝葡萄酒的原因。因為中國菜的特色在其重口味的醬料，芝麻、沙茶、豆瓣醬、八角、五香等，這和花果味的葡萄酒實在是平行世界，很難發生戀情。

3. 做法：是煎？煮？炸？烤？生？

口味依順序從輕到重：生→蒸→煮→燉→煎→烤→炸。酒的強柔度也依此順序搭配。

6. 不暴殄天物的喝法

葡萄酒的喝法是科學，是有對、錯的哦！再好的酒喝法錯誤就失去價值了。

溫度決定酒味的死活

保存的溫度

葡萄酒的「死活」取決於溫度。

再好的酒若是保存的溫度不良，就會死翹翹！這一點開瓶栓後立刻見真章。英語用 flat 來形容，就是扁了、平了、掛了的意思。再好的酒走味、失去生命力就沒有價值了（不過可以用來燉肉）。

保存的條件

想在家收藏好酒只要注意：溫度十一度C到十四度C的陰涼處，濕度為七十五%。要通風，不要晃動酒瓶，要平放，因為濕度不夠的話軟木塞會乾裂，細菌會隨之侵入。

和人一樣，葡萄也是「心平氣和」的話，就可以活很久。

飲用的溫度

飲用溫度是決定味道的重要因素。

葡萄酒是加入亞硫酸發酵的，開瓶塞後溫度影響亞硫酸氧化的速度，直接影響味道的「囟」、「柔」。並且澀味、酸味、甜味和飽實感會因溫度完全不同。

紅酒最佳的飲用溫度

紅酒的單寧酸在低溫會使澀味更澀，所以「室溫」是最適宜的飲用溫度。

而「室溫」是指哪一個房間呢？

在法國，室溫是指廚房的溫度，比其他房間較冷，約攝氏十五度到二十度。

紅酒的飲用溫度：

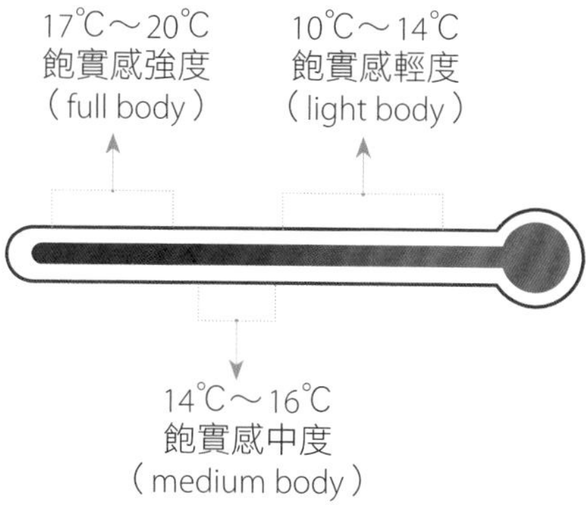

如果是輕飽實感但是強澀的酒，還是溫度高一點較順口；強飽實感但是不澀的紅酒如黑皮諾（Pinot Noir），則稍冷點喝。

而薄酒萊新酒的紅酒，因為它既沒有一般紅酒的澀味也不醇厚，它被戲稱為「紅顏色的白酒」沒飽實感，所以喝法和一般紅酒不同，可以冰鎮一點喝較爽口，約十度C。

紅酒開瓶後就像變魔術，味道持續在變化，幾乎每十分鐘就有所不同。兩個鐘頭下來吃完主菜時，變得更渾圓、更甜了，剛好搭配餐後的起司。

白酒最佳的飲用溫度

白酒要低溫喝的原因是內含的酒石酸、蘋果酸低溫時會更活潑，旨味會突顯，搭上海鮮類的旨味會更甘甜。

愈甜的白酒溫度愈低才不會膩，甚至可低至四度C。

但是一瓶酒也不必從頭到尾都同一個溫度喝。白酒喝到一半，可以從冰桶取出放在室溫，溫度變高味道也會變得圓潤，一瓶酒可以享受到各種口味。

一個要領：白酒要在短時間內快速冰鎮。若是長時間放在冰箱裡，酒會沒有生氣的。

白酒的飲用溫度：

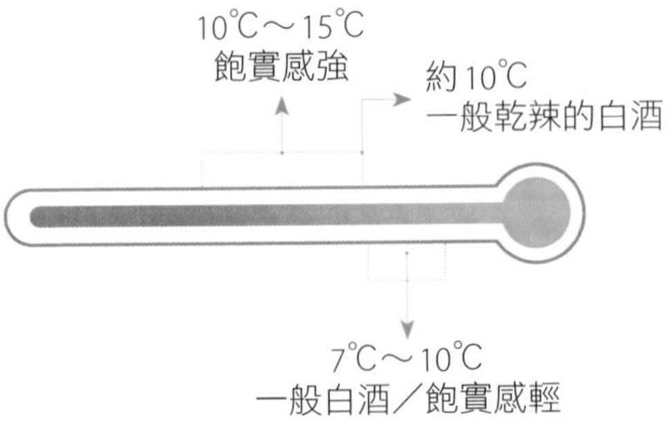

醒酒（Decantage，改裝玻璃瓶）

陳年酒開瓶後就宛如長年的睡美人甦醒了，至少需要十到二十分鐘的氧化才會開始圓和。因為為了保持酒的鮮度葡萄酒會加入亞硫酸發酵，亞硫酸使葡萄酒「凶」、「硬」，也蓋掉美酒的原味。

並且上好的紅酒為了能更長時間的醞釀，會留一些雜質在裡面。這些沉澱物有苦味，會喝不出酒的原本味。

醒酒（法文Decantage）是指開飲時，從酒瓶改倒至另一個玻璃容器，加速氧化以及以去除雜質。

在餐廳，也只有點上好的酒時，才看得到酒侍的醒酒表演：點一隻蠟燭，在上面將酒瓶慢慢倒入玻璃瓶內，酒接觸到玻璃瓶壁滑落至瓶底，使酒接觸到空氣的面積變廣，加快氧化。

不過麻煩的是，也有酒不適合快速氧化，比方纖細的黑皮諾和十年以上的老酒。所以要不要醒酒，請酒侍決定。

吃西餐不要頻頻敬酒的原因，而且是科學原因

陳姐姐最愛的鵝肝在亞洲的西餐廳總是好小氣的一小小塊。當濃郁的油脂在嘴內慢慢化開，正當在回味無窮，久久不想下嚥，這時一聲「來來來」對我敬酒的人，我會恨你。

對於「勸吃勸喝」的落伍心態真的要趕上今天是全民過飲、過食的現實。勸吃勸喝的習慣是因為過去貧乏時代客人反而不好意思主動吃、喝，所以主人才要勸吃勸喝。

但是，現在勸吃勸喝是在害人。為了要減肥五公斤要花上五萬元在健身房，是節食都來不及的時代了。再說，像厚臉皮的陳姐姐不等主人問就先說：「我要生啤！大杯的！」不用勸酒，也擋不了。大家就依國際常識各喝各的，尊重別人的口味吧！乾杯只開頭一次。

不要頻頻敬酒的科學理由

這一篇十多年來每到尾牙的季節就會被瘋傳，可見受酒害的人之多。

①酒是為了爽口，使菜更好吃，而每個人想要爽口的時機不同。比方我的酒量是三杯，不是在裝乖，因為超過了就不再覺得好喝。所以只有想喝時才喝，吃喝的韻律被干擾很煩欸！

②陳姐姐有在自省，人家花錢暴殄天物不關我的事，不過這個光景看了實在難受：老粗們「來來來」將一杯葡萄酒一口乾盡，直接灌下肚！葡萄酒的價值在於玩味它多元的色、香、味，而直接灌下肚，真想勸他，反正只為醉的話，那乾脆就灌乙醇嘛！

③「敬酒逼酒」科學證明會致癌。

每一個民族、每一個人天生具有分解酒精的酵素大不同。歐美民族和亞洲的北方民族（中國北方、韓國、日本）的酒量天生比南方民族（台灣、東南亞人）強。二〇一〇年ＷＨＯ發表研究報告，體質上沒有足夠分解酒精成分乙醛Acetal-dehyde（CH3CHO），也就是喝酒臉會紅的人，若勉強喝，罹患食道癌的機率較一般人高五十六倍。

過去敬菸的習慣被淘汰是因為科學證明菸會致癌。而現在科學已經證明體質不合的人不應喝酒，卻還要拼酒秀「guts」、灌酒示「誠意」、逼酒不喝的話就是「看不起我」……。有人稱這是「我們固有的傳統」，不！過去是因為無知，而現在有科學證明還要逼酒只能說是逼人致癌？

大家其實內心都覺得「敬酒」很虛假，也不會因被敬而對對方有好感，這個假戲演不停反而無法真正的交流。世界共通的做法是開頭全體舉杯一次就夠了。

7. 酒＋菜 精專篇——更上一層的享受

法國產葡萄酒好？還是國產紹興酒佳？酒的價值不在價格，在於搭菜的品味。

酒＋菜搭配錯誤，在嘴裡沖剋激戰的那一個經驗至今還記得……。一位富翁請吃上海菜，為了表示歡迎也點了一個高檔葡萄酒，但是，這是餐後用的甜白酒。我邊吃著重味醬料的菜餚，還沒下嚥就「被敬」逼飲這甜如蜜的白酒。雖然陳姐姐是面帶微笑，其實嘴裡是爆發了「中法戰爭」。

所謂「葡萄酒搭菜的法則」不是為法則而法則，「法則」是來自人們的味蕾的大數據的精華，也就是一般的生理反應。前面所述的是基本，接著我們來更精專一點，從這些搭配法也可以探求出更多味覺的奧妙。

搭配海鮮類

- 酒＋菜的搭法也受時代變遷的影響。生牡蠣配白酒夏布利（Chablis）幾乎是個「鐵律」，這是有原因的：在過去運輸不發達，從海港運到巴黎時牡蠣的鮮度很難保證，所以要搭配當時酸味強、較昂貴的白酒夏布利（也消消毒）。然而，隨著運輸流通、冷凍技術的進步，不要說巴黎，連我們亞熱帶都吃得到生牡蠣，而且當然不會中毒！所以酒的選擇範圍也變大了，如用清爽又平價的密斯卡岱（Muscadet），或是法國阿爾薩斯（Alsace）的麗絲玲（Riesling）酒。
- 吃海鮮沙拉搭配帶有青蘋果香的白酒非常搭。
- 吃海鮮的原味時大都搭配帶有柑橘香或一般果香的輕爽白酒。
- 另外，也要考慮烹調的方法，若是拌有奶醬（cream sause），則選較厚重的白酒，或是輕的紅酒也行。
- 日本菜有許多其實是「無國籍」，只是烤一烤、蒸一蒸，吃原味而已，

所以比起中國菜，日本菜是適合搭配葡萄酒。

●義大利吃烤魚一定是配乾辣白酒索亞維（Soave），或是輕紅酒。**吃哪一國的菜，就飲用哪一國的酒，則萬無一失。**

搭配肉類

首先看肉的種類，接下來看它的脂肪多寡，然後看它的烹調方式，以此考慮酒的搭配。

●「吃肉配紅酒」的理由是，紅酒的單寧酸（也就是澀味的來源）屬於強鹼，可以中和肉類脂肪的強酸，所以脂肪多的肉類搭配厚重的紅酒。**但是雞肉或是豬肉是屬於肉類中的「白肉」**，比較不腥。淡味的肉類可以搭配白酒，或是乾辣的玫瑰酒。

●也要考慮烹調方法（複習前述的）：無論是味重的牛肉，還是味淡的雞肉，**只要是用紅酒燉煮，就一律搭配紅酒**。雖說清淡的肉可以搭配白酒，但也要考慮若是加上味重的辛香料，像有

加紅辣椒的話（義大利菜常用），則配紅酒較適合。

●鹿肉、野豬肉等味重的野味（gibier）搭配剛強厚重、典型的「男性化」的酒艾米達吉（Ermitage），這對法國的食通來說幾乎是「定律」。但德國人反而是搭配帶甜的麗絲玲，與前述個性完全相反。有時「對立」也**是個意外的絕配**。

●當地產的食物就配當地的酒。比如歐洲各國都有鵝肝。匈牙利是鵝肝的發祥地，在匈牙利就喝托凱貴腐甜酒（Tokaji Wine）。吃法國產的，就喝法國的酒：吃法國波爾多的羊肉，當然就喝波爾多酒。

●買瓶葡萄酒在家裡喝卻沒有類西餐可以佐酒時，不需要任何廚藝，只要買個橄欖油和一些西式辛香料，將食材煎或烤，立刻可以成為葡萄酒的「配偶」。

香檳

若是荷包允許，一餐從頭到尾就只喝香檳。乾辣味的香檳（Brut）是萬能酒，什麼菜都搭。不管是餐前酒、進食酒還是餐後酒，香檳都可以勝任。

「香檳」一詞只限於法國香檳地區（Champaigne）所產的酒，這是法國產葡萄酒最北的地方。

香檳和一般葡萄酒的釀法不同，在於釀成酒之後加入蔗糖再度發酵因而產生二氧化碳氣泡。

法國香檳地區以外所產的氣泡酒不能稱為香檳，只能稱是氣泡酒（Sparkling Wine）。氣泡酒的產量一年約四十億瓶，香檳則只產三至三．五億瓶，可以說是酒中的貴族。

被尊為香檳之王的唐培里儂（Dom Pérignon）也並非浪得虛名。一般香檳的酒標上不寫年分，因為是用不同年的葡萄混釀，比方酩悅香檳（Moët & Chandon）是用三年內的葡萄。香檳酒標上的Vintage，不是一般指「好年」的意思，**是指使用同一年的葡萄**。唐培里儂則是使用每一年最好的葡萄（Grand Cru），並且製造過程全是手工。

一般香檳是三十個月的釀期，唐培里儂最短則是七年。

香檳有甜、中辣、乾辣之分。最佳飲用溫度是四度到八度C，放在冰桶鎮約十五分鐘，或是放在冰箱裡一到三個鐘頭，但不宜久放（白酒也是一樣）。

美國電影看多了會以為開香檳就要響亮「砰」一聲。不，這種「怕人家不知道你在喝香檳」是暴發戶的舉止！除非在私人場所要狂歡哄鬧之外，鄭重宴客時，開香檳不出聲。

開香檳不出聲需要些工夫：解開綁軟木塞的鐵絲，一手按緊木塞，稍微轉動一下，就可以感到瓶內有千萬軍馬要往外衝，別輸給它，壓穩瓶栓慢慢引導那股衝力自然推開瓶栓塞，最後會聽到一個細小的脆聲。所以大聲「砰」就是你輸給了瓶內的二氧化碳。

一些小品味

◎世界三大珍味之一的魚子醬一定是搭配乾辣香檳。

魚子醬要怎麼吃？

就用湯匙舀起來吃！也就是只吃原味。或是放在蕎麥粉做成的薄餅（Blinis）上吃。並且美食家不用不鏽鋼的湯匙，只用銀製湯匙，因為嘴唇的觸感較柔和又溫暖。

巴黎有個名士會，會員條款上有一項寫著：「凡是在Beluga（大顆、灰綠色，最高級的魚子醬）上亂加東西的人（如洋蔥屑等），立即開除會籍。」也就是說，品味太差的人，沒資格當名士！

◎雖說酒和菜要對稱，不能蓋掉任一方，但若是有幸喝到偉大的酒，如羅曼尼·康帝（Romaneé-Conti）等藝術品，就沒有菜能對稱了。這時只需要一道淡淡的菜，比如像蛋包蝦仁（Omlet）就好了，將注意力全集中在名酒上。

◎杯裡還有白酒時不添酒。

因為白酒要保持低溫，所以要整杯飲盡後才添酒。從這個小動作就可以看出一個人對葡萄酒的造詣喔！

◎若是一個特別的日子點了名貴的酒，可以請餐廳把酒瓶上的酒標取下來，帶回去做紀念。但是要盡早告知，因為製作需要些時間。

◎主菜吃完如果酒還有剩，就當餐後酒慢慢啜飲或搭配起司，若喝不完可以整瓶帶回家不必不好意思。或是留給餐廳人員分享，因為其實即使是酒侍也不常有機會喝到昂貴的名酒，這也是個紳士作風。

音樂

最後，最極致的享受，莫過於食物與音樂的融合。你相信吃海鮮時邊聽海浪聲或是邊聽音樂，味道會不一樣？

吃什麼菜要聽什麼背景音樂？

比如：吃鱒魚，聽舒伯特；吃鵝肝醬，聽吉普賽的小提琴……。為什麼？這是一門有趣感性的組合，留給讀者自己開發。（答案在第1章）

8.

Climat葡萄田區塊成爲世界文化遺產的理由

——這是地球的味道

陳姐姐對葡萄酒的興趣其實是始於對葡萄的「根部」的興趣。我向來偏愛黑皮諾（Pinot Noir）它高雅纖細但是又有骨氣的個性（也是理想中的女人），「這是因為它的產地勃艮地有特殊多層的土質。根愈往下長愈會吸收多種不同的養分，因而碩成的味道。」這個知識觸發了陳姐姐對葡萄酒「尋根」的求知欲。了解「根」就能夠了解「果」的味道是如何形成的：

- 為什麼波爾多「左岸」和「右岸」味道不同？
- 為什麼梅多克（Medoc）最高級的酒集中在上游？
- 為什麼同是法國酒，波爾多產的和勃艮地又大不同？

即使不喝酒的人，這也是一門有趣的自然科學。

而陳姐姐寫這篇並不是個人的興趣而已，因為在二〇一五年UNESCO將法國勃艮地的葡萄田區塊Climat（法文）列為世界文化遺產，意寓這是有普遍性的知識價值。

Climat成為文化遺產的理由除了景觀之外，**也在於它劃分區塊的原理：**

Climat的語源是氣候、土壤。早在一〇九八年勃艮地的修道士就依氣候、土壤劃分出葡萄田區塊。並且細分到，同樣一面山坡，依不同海拔高度、風向、傾斜度、日照量和土質，用一塊塊的石頭圍成矮牆垣劃分。各田地僅相隔幾公尺而產出葡萄的質和個性都不同。勃艮地共有一千兩百四十七個葡萄田區塊。

葡萄酒就是地球的風、火、水、土、天候和地質的味道。

「天」的因素

釀酒用的葡萄基本的天候條件是：日照一千三百到一千五百小時，雨水五百到八百毫升，溫度十到十六度C。同樣是卡本內蘇維翁，在美國加州是日照較長又溫暖，所以碩出的果實澀、酸均衡，可以單釀；而法國波爾多的卡本內蘇維翁則是重澀又剛強，所以必需混釀。又比如希哈（Syrah）愈往北愈寒冷它就愈粗獷；愈往南愈暖它的糖分就愈高愈甜（光合作用產生的化學變化）。

即使在同一勃艮地產區，因為它地形南北直長，位於最北、又寒又乾的夜丘（Cote de Nuits）是生產世界最頂級深邃的黑皮諾，適合陳年酒；而南部則是相反，溫暖濕度高所以生產加美（Gamey）品種，適合快釀、快喝的薄酒萊新酒（Beaujolais）。

薄酒萊新酒（Beaujolais Nouveau）

薄酒萊新酒是每年九月葡萄收成後釀造，到十一月就可以飲用，所以稱為新酒（Nouveau）。薄酒萊沒有什麼「深度」，主要是喝它青春的「鮮度」。每年解禁是在十一月第三個星期四，全球是日本第一個迎接換日，所以是第一個喝到。

「地」的因素

什麼樣的土質適合種釀酒用的葡萄？你會很意外……

根部和土質實在是葡萄酒最sexy的部分（sexy英文有各種意思，請麻煩搜尋），並且你可以從葡萄產地的地理就差不多知道酒的個性，也就不必死記了。

大概不少人會認為釀出頂級葡萄酒的葡萄一定超美味？

不，相反。陳姐姐在法國蘭斯（Reims）有香檳王之稱的唐培里儂（Dom Pérignon）的葡萄園，是產最高等級Grand Cru的葡萄，摘一顆放進嘴裡會立刻皺眉頭絕不想再吃第二顆，因為它皮厚、汁少、不甜又澀。釀酒用的葡萄不同於一般食用的葡萄，也不同於一切農作物，原因就在於土質。

什麼土質最適合釀酒用葡萄？你會意外。

貧瘠。

法國頂級AOC的酒三分之一產於波爾多，此地是由吉隆河（Gironde）和二條支流沖積成砂礫為主的石灰質，土質非常貧瘠。為什麼愈貧瘠的土質會長出一流的葡萄？

原理是：當植物在嚴酷的環境下為了延續生命，會將全部養分集中到下一代→果實。所以砂礫層愈厚、愈貧瘠，卡本內蘇維翁就剛強扎實、重澀、深邃。

土質的成分決定酒的味與香

同樣是在波爾多，為什麼「左岸」、「右岸」個性不同？同樣是在梅多克產區，為什麼偉大的酒窖集在上游的上梅多克（Haut Medoc）？這又是個有趣的自然課。

土質各別有特性，首先了解主要的四種土質和其特性：

砂礫土質排水性高，白天吸熱，晚上散熱，溫差很大；黏土質有持水力、持溫力，所以葡萄個性也就柔和；石灰土有礦物質、貝殼化石；火山土質有雲母、帶酸性、養分多。

「左岸」和「右岸」個性不同，從河流的源頭可知道原因。

「左岸」是指吉隆河（Gironde）和部分上流的加隆河（Garonne）的西邊。此河的源頭是庇里牛斯山，它沖刷下的大量砂石形成深層砂礫，因而碩出世界頂級的卡本內蘇維翁。上梅多克因居上游（以Saint Estèphe村為界線）所以砂礫層更厚，葡萄個性就愈剛強；愈往下游則混合了黏土質。

「右岸」是指吉隆河上流的多爾多涅河（Dordogne）的東邊，這地帶是黏土質，所以生長出柔和和淡澀的梅洛品種。此地著名的聖愛美濃（St. Emilion）擁有AOC級。

再以白酒的夏多內（Chardonnay）為例。它全世界哪兒都長，但依當地天候、地質塑出不同個性。寒地碩出，酸味強、乾辣，有蘋果、柑橘香；暖地如美國加州碩出，較不酸、帶甜，有桃子、鳳梨等熱帶水果香味。勃艮地的夏布利（Chablis）的夏多內是頂級，因為此地是二億年前侏儸時期形成的岩層，富黏土質和含有貝殼化石、豐富礦物質的石灰土質，造就出夏布利極細緻清爽的酸味，並帶花香（香檳區也是此土）。

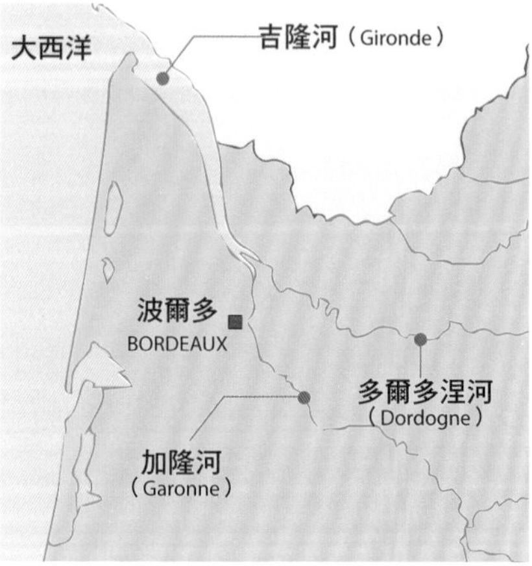

回到黑皮諾（Pinot Noir）的身世故事：它出身環境是又貧又寒，而它如何能夠登峰造極？它生長在勃艮地最北，是寒冷乾燥又靠近歐洲中央山脈是一般農作物很難生長的火山灰、貝殼化石、黏土性質再加上砂礫多種層次覆蓋。

天、地條件愈嚴酷，根就愈奮力往下延伸，愈往下就愈吸收到更多層層不同的土質養分，因而碩出複雜纖細又有骨氣的個性。

這不好比人嗎？吃得苦中苦，經歷豐富多元的閱歷才會造成人上人……

飲酒思土，從酒的美味可以根溯到地球變動的過程。此地既有火山灰但是也有貝殼化石，因為二億五千萬年前這裡曾是海底，阿爾卑斯山形成時擠壓隆成丘陵帶。土壤就是地球演變的記錄。

知識可以刺激感性，看完了這篇，舌尖更能感受到地球風、火、水、土的味道。所以偉大的酒都集中在法國，這不是崇洋，凡事必有理，了解地理就懂原理。而這是法國的得天獨厚？

雖然這種貧瘠的土壤和嚴酷的天候，是上天賦予的但是也要經由人文的智慧才能將劣勢轉為最強優勢。所以「天生的劣勢」是負面還是正面？這好比人生。

Chapter 8.

酒杯的科學：杯形、杯口弧度如何影響酒味？

酒杯也隨氣候變遷在成長……

1.

了解酒杯的科學功能，就不會再亂用了

香檳之王唐培里儂（Dom Pérignon）的製造人理查・傑弗里（Richard Geoffroy）吼著：「要喝出我的香檳就要用對酒杯！」

「每一種酒都有它最適合的酒杯。」

「同樣一種酒用不同的酒杯喝，味道會不一樣。」

這不是錯覺或是自我陶醉，是美酒通最後會想要研究的化學和人體工學。

好酒是只要花錢，誰都可以買，而你的喝法有沒有喝到它的價值？最後要**靠酒杯的功能引出酒的精華。**

你相信無糖的濃縮咖啡（espresso）如果用一種酒杯喝，可以喝出甜味嗎？

酒杯的形狀、大小、杯口的弧度會改變葡萄酒的味道，這是奧地利Riedel公司的Riedel先生在一九五〇年發表的。

杯身的曲線配上杯口美麗的弧度，酒杯並不光是餐桌上擺飾用的的藝術品，**酒杯的形狀、大小和杯口的弧度都是具科學功能。**

①杯身的大小和性感的曲線不是為了討好男人，酒杯其實就如同化學實驗的試管：體積大小和氧化速度成正比。杯身大又圓、所接觸的空氣面積愈多就愈快氧化，使酒更快渾圓，香味更能揮發。

②杯口的寬窄和杯口的弧度更是影響味道，原因是：杯口愈窄愈能捕捉酒香。這和中國茶藝品香用的長型杯是一樣的原理。另外，杯口也是一個人體工學。

首先說明舌頭的構造。舌頭的部位對味道的敏感度不同：舌尖是對甜味敏感；舌中央是酸味；兩側是澀味；根部是苦味（如圖）。

舌頭的構造

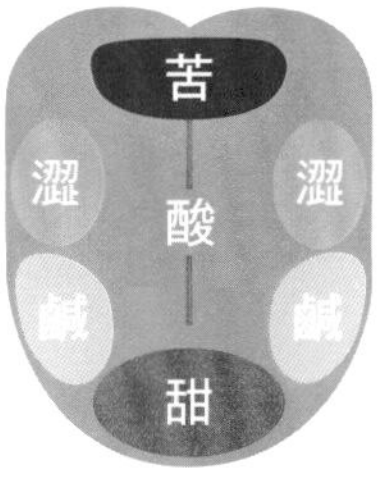

接下來是杯口的弧度，它會影響你仰頭的角度。仰頭的角度影響酒流向舌頭的部位。你可以試試，杯口愈彎曲愈不需把頭往後仰。不仰頭喝的話，酒流向口內會均勻寬廣得布滿整個舌頭。也就感到酒的酸、甜、澀味都均勻。

而杯口較直、少弧度的話，就需要頭往後仰，這時舌頭會呈尖形，酒則流向舌上較狹窄特定的部分。

波爾多酒的特色是單寧酸多，澀味強。專用的酒杯杯口寬（如圖5），使得酒先流向舌頭的中央部分，這裡是酸味感知處，之後再布滿舌頭。適用於卡本內蘇維翁（Cabernet Sauvignon）、梅洛（Merlot）種類葡萄。

勃艮地酒的特色是單寧酸少，酸味強。黑皮諾是勃艮地的主要品種，它有很纖細的酸味。如何控制這個酸味是品它的關鍵，因此杯口朝外的弧度會使酒先流向舌尖（如圖3）。舌尖是對甜味敏感的部位，這種設計比較不會讓酸味突出。

讀者們在前一章記下來的知識在此又派上用場了。同樣的品種在不同的國度味道都不同。下列一排就是喝出每一種個性的價值所研究出的各種杯形。就以希哈（Syrah）品種為例：

希哈品種用的酒杯有分法國希哈（舊世界）和南半球希哈（新世界）用的酒杯。法國產的希哈較澀，因此用的酒杯是下圖

的❷號酒杯，可以刺激酸味部位；而新世界產的是日照時間長又暖，味道較甜、果味強，因此用可以刺激澀味部位的❶號酒杯。

除了功能性之外，酒杯也是餐桌上的藝術品。晶瑩剔透上質的玻璃，加上杯口銳薄的曲線觸碰唇部時感到的「脆感」，是美酒家追求的。

最上等酒杯，用手指輕彈一下，會發出小提琴弦般的高音。高級的酒杯是不著色、光滑、不凹凸、透明的。

而讀者會發現喝德國酒大都使用有顏色、有雕刻的酒杯，這是因為一些德國酒較多雜質、沉澱物（並非不好），藉此掩飾一下。

❶ 新世界希哈品種用
❷ 舊世界希哈品種用
❸ 舊世界黑皮諾品種用
❹ 新世界黑皮諾品種和粉色香檳用
❺ 卡本內蘇維翁、梅洛品種用
❻ 麗絲玲品種用
❼ 法國香檳區用
❽ 舊世界夏多內品種用
❾ 新世界夏多內品種用

2.

酒杯正確的拿法、用法

- 日式禮儀是有人替你倒酒時一定要拿起杯子接；但是西式高腳杯不同，不要拿起杯子，放在桌上即可。但手上的刀叉暫停一下，以示謝意。
- 西式高腳杯要拿杯腳（如圖），不要握住杯身，因為手溫會改變酒的溫度。也不致使透明的杯身印上指紋。
- 正式場合「乾杯」時舉杯到眼睛的高度即可，不要碰撞杯子。若是在私人場合就不必拘束了。很親密的兩個人非碰不甘心的話，就輕輕的碰杯腹。啤酒杯是較厚的玻璃，盡情大口灌、用力撞吧！
- 口紅和嘴唇的油脂印在杯口上很難看，但是也別用手指去擦拭。所以喝酒前用餐巾輕按一下嘴唇，就可避免。
- 和中國餐不同，西餐一切的餐具都有各自規定的位置，絕不亂放。酒杯的崗位是在餐盤的右上角，每喝完一口酒，酒杯就放回原位。

3.

「酒杯也隨著氣候的變遷在成長。」

專訪 Riedel社長Wolfgang Angyal

東京Riedel社長Angyal先生是奧地利人，是我三十年來的老友。原本找他是想借些新的酒杯照片用在新書上，沒想到一談竟將近三小時。令我興奮的新知識是，除了前述酒杯的曲線如何影響仰頭角度和舌頭部位之外，原來，酒杯並不是不變的無機物，它是活的，隨著大自然的變化不斷的在成長。

他說：「香檳的長笛杯已走進歷史了。」

地球暖化也影響香檳的杯型！前述「全世界北緯三十到四十五度都產釀酒用的葡萄」，而近年由於地球暖化，連高緯度，寒冷的英國、瑞典也開始產葡萄酒了（這是該喜？該憂？）。香檳的味道在這一百年內也在演變。

照片提供：Riedel Japan 東京

唐培里儂（Dom Pérignon）修士在十七世紀開發出香檳，據說當時並不好喝，只是有氣泡的飲料很夯而已。以前的香檳是用來搭配甜點、水果、冰淇淋，因此以前的香檳杯普遍是扁平型（圖❶）以方便用湯匙舀食。

Angyal表示，香檳轉成美味，可以單獨喝和搭菜還不到一百年呢！長笛杯（圖❷）成為香檳杯的主流，是因為長型的功能可以使果香更立體，也能欣賞到氣泡往上衝的躍動感。

到了一九八〇年代地球暖化明顯，葡萄的味道也開始改變。加上釀酒技術進化使葡萄酒的香味更香、更複雜深邃，所以欣賞酒香愈成為品香檳的重點。因此杯型也變更大更彎曲（圖❸、❹）。

就在這幾年香檳之王粉紅唐培里儂（Dom Pérignon）的製造人理查・傑弗里（Richard Geoffroy）聲明：「要用這個酒杯（圖❺）才能喝出我的味道！」不再用直型的長笛杯了（圖❷），因為：

①最新型的香檳杯是體積大又彎曲的酒杯（圖❺），這使酒氧化面積多，使果香更立體又能充分欣賞顏色。

②舊式的直型的長笛杯會使酒入口的速度太快、又一次入口量太多，不能細品。（記得前述的仰頭時舌頭的形狀？）

香檳杯的進化從左往右。

③曲線杯可以柔化氣泡。用直型杯喝強勁的唐培里儂（Dom Pérignon）氣泡會太強。

這個內容聽得實在是太有趣了，但是又想想，我不會想用這個新型的大杯。因為我發現雖然在科學功能上是對的，但是它是從西方人、從男性的觀點來看的，忽略了東方人和女性使用它的感覺。

此酒杯沒考慮到一個人體工學：喝香檳不少是在立食宴會上，是站著拿著杯，而且長時間拿著，這個大酒杯對女人纖細的手指來說太重。另一點，是在視覺上的比例，若杯子是放在桌上的話沒關係，而若是站著拿，酒杯的大小和全身的比例看得很明顯。塊頭高大的西方女人沒問題，但對東方女人體型的比例來看，那個新型大酒杯（比長笛杯大約一、二倍）拿在手上的比例看起來又大又笨重。我照實告訴他「好吃、好喝」固然重要，但是基於上述的原因，我不會為了味蕾的滿足而犧牲其他美感。

Angyal先生直直看著我半晌才回答：「女人細微的感性真是推動時代的動力。這個意見要反應。」（其實這不是女不女人的感性，只是客觀理論）

我們來期待下一個酒杯如何演變吧！

Chapter 9.

起司：歐洲三大食文化之一

神的臭腳好香哦！

1.

西餐沒有起司如同「美女只有一隻眼睛」

似乎每個國家都有一個足以臭死、薰死外國人的自豪的臭食物。比如，我們的國粹——臭豆腐，這是連敢將毒蛇、猛蠍往嘴裡塞的日本人，離三公尺就開始作嘔了；相對的，日本的納豆，東京人視為生命的泉源，而西方人、亞洲人一聞到此味會立刻看一下自己的鞋底，是否踩到了狗屎。

歐洲的國威則是起司。

起司、葡萄酒和橄欖油，並列為歐洲三大美食文化。

起司產量最多的是美國，而種類上是法國最多。如同義大利的橄欖油，法國幾乎每一個農村都有自產的起司。

有一次在法國羅亞爾（Loire）旅行時，碰巧星期天早上在羅亞爾河邊有農產市集，每一個農家的小貨車上都載著數十種起司，有新鮮牛、羊乳做成的；有重發酵硬皮起司，中間流溢出令人垂涎的細緻奶油。也有許多種起司是從來沒有見過的，簡直像起司的流動美術館。實在是情不自禁、心花怒放的混在當地的主婦堆裡拚命買，但是回神之後想想，自己是在旅行中，買這麼多誰吃啊？

世界所有「臭食物」的共通點是：發霉、發酵。

歐洲三大食文化中的橄欖油和葡萄酒已經深入我們的生活中，但是唯有重發酵起司，它獨特的騷腥味加上阿摩尼亞味，使亞洲人捏著鼻子不敢領教。但是就是這個臭味，法國人形容為用「神的腳臭香」。起司在法國餐、義大利餐是壓軸戲，法國人形容一餐中若沒有起司，就像「美女只有一隻眼」，就是我們的「畫龍要點睛」的意思。

「起司習慣」是早在中世紀貴族們之間就奠定了。

吃起司的時間點是在主菜之後，甜點之前。吃完油膩的主菜後，馬上用甜點的話口味的落差太大。並且餐後仍想繼續那葡萄美酒酣熱餘韻的人，起司和葡萄酒的時光是晚餐的另一個高潮。

起司不包含在套餐內所以要另外點。主菜收走後，侍者會問要不要起司。

之後會拿來一個大盤子的起司請你挑選，在歐洲的高級餐廳甚至是個小推車有二、三層的起司，讓人看得眼花撩亂。但是一個人最多也只選三種，每一種是約三十公克。

自己挑選的一定要吃完，這是重要的規矩。所以若你缺乏起司的知識，不小心惹到了「重量級大哥」的起司，會讓你「吃不完兜著走」，不只會讓你嗆整晚，甚至讓你一輩子對起司留下陰影再也不敢領教。所以起司由淺入深比較容易接受。

2.

起司的種類、點法和吃法

起司的原料有分牛乳、羊乳、山羊乳，義大利也用水牛乳。

在餐廳若起司的種類太多，不知道怎麼點，只要掌握兩個重點，以此告訴侍者，由他替你搭配。

①侍者會先說明哪個起司是牛乳、水牛乳和羊乳。

②哪個是新鮮的或是重熟發酵。

起司是個大千世界，有酸、甜、苦、辣、鹹、嗆。掌握起司的個性和「臭度」

就知己知彼：哪種起司招架得住？如何享受？我們來由淺入深的去探索起司的深度，才不會一下子惹了一身腥。

起司分為七種

①鮮起司（Fresh）

這是超乖型起司，人畜無害。

披薩餅上的莫扎瑞拉起司（Mozzarella Cheese）和奶油起司（Cream Cheese）、瑞可達起司（Ricotta）就是其代表。鮮起司只發酵一天，它的特色就是新鮮，所以要注意製造日期。鮮起司有奶香味，絕無臭味，入門者可以安心食用。鮮起司大都用於搭配沙拉、水果或甜點。

②白黴起司（White Mold）

一般超市賣的卡門貝爾起司（Camembert）和布里起司（Brie）是其代表。它的表皮覆蓋著白黴產生發酵作用，雖然外皮稍硬，但是內

部呈黏稠奶油狀，入口即化。雖然白黴稍帶阿摩尼亞味，稍嗆鼻，但是初級者可以接受。

③羊乳酪（Chevre）

羊乳酪的特性是酸中帶鹹口感很刺激，想不出什麼中式的食物材可以類比形容它的味道……。試試看，但別怪我！

接下來是「大哥級」了！

④洗皮起司（Wash）

這就是臭幫的老大！

由於它的外皮是以鹽水或酒多次擦洗過，使得表皮的微生菌的繁殖極活躍以致發酵更成熟，所以臭氣衝天。就是這味道，法國人讚美為「神的臭腳丫好香哦」，是起司通之愛。洗皮起司的外皮呈橘色、乾乾的，而內部是柔軟的口感。吃洗皮起司，一般的法國麵包就不夠味了，加入葛縷子（Caraway）辛香料

的麵包較搭。

⑤ 藍黴起司（Blue）

幼齒的人就別惹它！

白黴是在表皮上繁殖微生菌發酵，藍黴則是在內部微生菌發酵熟成。

藍黴吃起來嗆鼻、刺舌、鹹中帶苦……幾乎是在自虐，但是喜歡是會上癮。

「世界三大藍黴」：法國的洛克福（Roquefort，羊乳起司）、義大利的古岡左拉（Gorgonzola，牛乳起司）和英國的史帝爾頓（Stilton，牛乳起司），這是英國女王之愛。**近年發現這藍色黴菌含有Lipase酵素，有分解體內脂肪、防止血管硬化的作用。**

藍黴起司味道濃又鹹，可以單獨吃，也可以拌在食物裡，如古岡左拉義大利麵和燉飯。

藍黴起司的時令是夏天最好吃。選購藍黴起司的方法是：愈熟酵的愈好。目視的方法是：看橫切面的藍黴有無平均布滿。

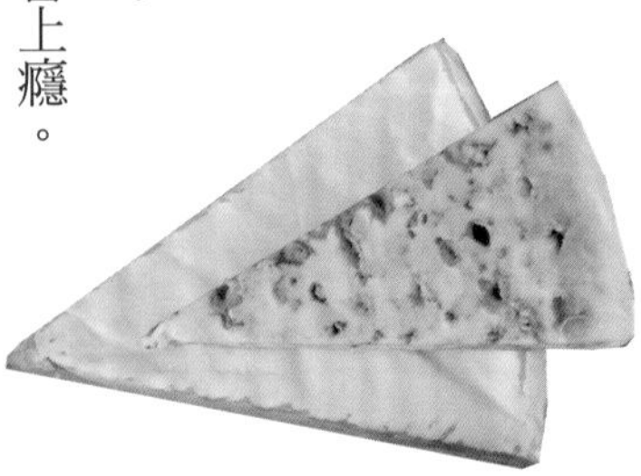

⑥半硬質型起司（Semi-Hard）

半硬質起司是常夾在三明治裡的高達（Gouda），它的熟成期大約是四～六個月，口感、味道都較溫和，而且可以保存較久。

⑦硬質型起司（Hard Type）

硬質型起司是經過強力壓縮，去掉水分、凝成硬塊，又經過長期的熟成，使得味道濃又豐厚。硬質型起司可以直接吃，或是磨成粉灑在食物上食用，比如義大利的帕瑪森（Parmesan）、英國的切達（Cheddar）、德國的艾曼塔（Emmental）稱為起司之王。

在餐廳點起司，會附上小塊麵包等，吃法是切下一口起司放在麵包上一起吃，或是直接吃也可。硬外皮可吃可不吃，若是不吃，便先用刀子去掉。

在家裡吃，最好讓起司回溫到室溫約二十當到三十度C才吃。放在冰箱裡，要注意別讓它變成「乾」了。也要注意，黴上仍會長黴哦！講究的人以鹽水沾濕的布包覆，這樣可以保濕又防菌。

3.

起司和葡萄酒是絕配Mariage

起司和葡萄酒的共通點在於彼此都是發酵的食物，所以是親上加親、門當戶對，法文稱為Mariage組合。這也是美食家最愛鑽研的，也表示自己食的造詣達到登峰造極。因為起司的酸、甜、苦、辣、鹹、臭、嗆，和葡萄酒的紅、白，乾、辣、甜、酸的交集是多又複雜，是一門藝術、學問。有不少講座專對酒和起司的搭配，甚至可以考上「專家」的頭銜。我們只要掌握一些法則就足以在家享受了。

在餐廳點完起司後可以繼續飲用搭配主菜剩下的紅酒來搭配起司，即使不是絕配，也不是世界末日（有的起司適合搭白酒）。也可另點一杯或是半壺。

起司和葡萄酒的搭配問酒侍是不會錯的，但是有時他們建議的一杯上好的甜酒可能比一般整瓶葡萄酒還貴。有沒有需要錢花到這地步？自己要有些知識才能夠判斷。因為我綜合了「大數據」經驗，當人飽餐後，血糖上升酒酣耳熱，快樂荷爾蒙多巴胺（Dopamine）分泌旺盛時你會對什麼事都微笑點頭說

「好」，這也是酒侍推銷特級甜酒的最佳時機，而且當下他不會說價錢。所以會替你的荷包著想的人只有你自己哦！並且具備知識也可以在家享受。

起司和葡萄酒搭配的基本原則

其實和菜餚搭配的道理是一樣的。

◎最簡單的是，兩者是同一個產地的話，大多ＯＫ。

◎基本法則是：酸味強的酒，搭配鹹的起司；清爽的酒，搭配油脂多的起司。

不過若有幸喝到上好偉大的名酒，反而不要搭配重熟的起司，兩者個性強會相殺，很可惜。

一般的搭配組合法

①鮮起司

比如，莫札瑞拉起司是純原味的起司，配乾辣的白酒。

若是加入辛香料的起司，則配薄酒萊，或是有果香、輕的紅酒。

②白黴起司

這要依它的脂肪多寡來選擇搭配。油脂多的白黴起司搭配密斯卡岱（Muscadet）的乾辣、輕的白酒，或是薄酒萊的輕的紅酒。

而卡門貝爾起司、布里起司則要看它的發酵熟成度而定。

輕酵，搭配勃艮地酒。

中酵，搭配果香的紅酒。

重酵，搭配波爾多紅酒。

③羊乳酪

選用同一產地的葡萄酒最適宜。其他如乾辣，或是果香的紅、白酒均宜。輕酵的起司則搭配白酒較好。

④洗皮起司

能和它臭氣相投的是厚重的葡萄酒，紅、白均宜。像波爾多、隆河丘（Côtes du Rhône）。

⑤藍黴起司

洛克福（Roquefort）和古岡左拉（Gorgonzola）適合聖愛美濃（St. Emillion）等厚重的紅酒；英國的史帝爾頓（Stilton，牛乳起司）適合搭配甜味紅葡萄酒波特酒（Port Wine，是葡萄牙北部所產的酒，比一般的葡萄酒加入更多的酒精和糖分，有紅、白酒之分）。強烈個性的藍黴也適合糖分高的甜酒。

⑥半硬質型起司

玫瑰酒（Rose）、阿爾薩斯（Alsace）等甘甜又有果香的白酒很適合，或是義大利可揚地（Chianti）。

⑦硬質型起司

這味道濃厚的起司，搭配乾辣的白酒，或是厚重的紅酒均宜。

Chapter 10

咖啡、紅茶、甜點

喝相和吃相一樣重要

男女約會、公事磋商，大都是從第一杯咖啡啟開人際關係的序曲。你說「喝相」有多重要呢？

特集

正統英式下午茶

1.「喝相」和吃相一樣重要

用湯匙拚命轉攪糖和牛奶，撞得杯子匡噹響。喝的時候呼呼吹、囌囌的吸。

左手腕靠桌，手肘不弓張，只用三根指頭拿杯耳。

人際關係大多是從一杯咖啡、紅茶啟開的，所以喝相和吃相一樣重要。咖啡和紅茶在歐洲文化中都具悠久的歷史，所以在規矩上有明確的對、錯。英國梅根王妃和哈利王子結婚之前需要學習王室的規矩禮儀，其中，紅茶的喝法、杯盤的拿法，甚至手指如何彎曲拿茶杯也是重要的一課。下面的規矩不是等到您要和查理士國王喝茶時才用得上的，是我們日常就要養成的習慣。

要注意的又是這一點：光是一杯咖啡就可以令人不悅的還是那個噪音。陳姐姐再三要叮嚀，餐桌上**吃喝是絕不發出任何聲音的**：

①用湯匙攪拌牛奶和糖時，絕對不鏗鏘的碰擊杯壁。只要輕輕的用湯匙前後動一下就行了，不必攪得像洗衣機。

②有冰塊的冰咖啡或冰紅茶，不停的用吸管攪和冰塊撞擊杯子也是很沒有品。中國人、台灣人一定要培養出一個感性和國際同步↓多多多多對噪音敏感。這些撞擊的小聲音都是聽覺上的小暴力（harasement）。

這樣做正確又美觀

●首先，紅茶杯、咖啡杯的拿法是手指頭絕不貫穿杯耳，用三隻指頭拿住杯耳（如圖）。不少女士以為小指頭蹺起來更優雅，甚至有謠傳伊莉莎白女王都是蹺起小指頭？前王室管家G.Harrold出來澄清絕無此事。王室的拿法就是如圖。

●日本茶杯、中國茶杯因為沒有杯耳，所以一定要用雙手拿（沒有杯耳的原因是，如此才能知道茶是否太燙，能否入口）。

不少日本女士誤以為西式茶杯也要用雙手捧著喝才高雅，這是錯誤的。有杯耳就是單手拿。左手不能垂在桌下，左手腕靠著桌邊。

●英國王室的規矩是攪拌牛奶時，湯匙絕不旋轉，只前後稍動一下。因為旋轉會造成旋渦，離心力會潑出紅茶又會撞到杯壁。

●有男生會獻殷勤替女生加糖和牛奶，這是不必的。但是要先遞給對方使用。

●湯匙用完之後放在杯子的後方，如此拿、放杯子才方便。放湯匙時要輕放，絕不可敲響托盤。

●女士切記，杯上不要留下口紅印。飲用之前先用餐巾按一下嘴唇，就不會留下口紅印。

●不少人很困惑，到底托盤是要放著，還是要拿起來？這從人體工學就可以了解。

一般是托盤放在桌上，不拿起來。但是當你是深坐在沙發，離桌子遠，或是桌子低矮，這就要用左手拿起托盤，喝一口，杯子放回托盤上。等全部喝完後再一起放回桌上。

●所以宴會的立食餐飲當然也要拿著托盤。

2. 甜點——可愛地對付高難度甜點

蛋糕甜點也是歐洲悠久歷史的食文化。如前述冰淇淋是在十五世紀義大利梅迪奇郡主女兒嫁給法王亨利二世時帶去的文化；十八世紀奧地利哈布斯堡王朝瑪麗．安東尼公主嫁給法王路易十六世時將哈布斯堡帝國精緻的甜點糕餅文化帶進法國，之後傳遍世界。

甜點是在一餐酒足飯飽後的最後一個輕鬆小節但是也有它高雅的吃法，我們就做到滿分落幕吧！

不覺得甜點也像料理，有的容易吃，有的是高難度不知如何下手？

如何吃才不致「毀容」，我們從容易吃的甜點開始漸往高難度的。

容易的甜點

蛋糕

鬆軟的蛋糕只需用叉子不用刀。從三角尖端一口一口用叉子切著吃。

雖然沒有明文規定這個禮儀，但是要展現更有氣質的話，蛋糕吃完之後，用底部的錫紙將叉子摺包一下（如圖），使盤內的殘局變成一幅畫，會使妳瞬間變成有教養的美女❤。

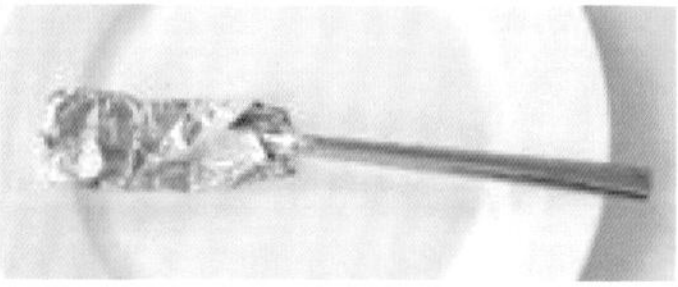

鬆餅（pancake）

不少人厭倦了花花綠綠的蛋糕有時會想念這個純樸的、小時候媽媽手製的甜點，東京的帝國飯店就有著名的「帝國鬆餅」專門店。鬆餅是不會出現在飯後因為它很厚實，在歐美是當成早餐，在日本、亞洲則是當為午後甜點。

鬆餅大多是兩、三片疊在一起。趁熱時全抹上奶油，依直徑切「米」字型（三片一起縱切），每片剛好是一口大（圖❶），接著淋上蜂蜜或蜜漿。

甜點基本上就是輕鬆吃，用單手叉著一塊一塊吃就可以（圖❷）。當然，一次全切成小塊的吃法只限於鬆餅，請別用在牛排上哦！

稍高難度的甜點

派類、塔類（tartlets）

凡是硬型的甜點如塔類、派類一定會附上小刀。塔類大都是上層裝飾得很美麗，但是不必留情，開始就用刀子將它切成四半（圖❸）用叉子吃（圖❹）。派類就每次切一口吃。

要注意盤相！硬殼、硬皮類的甜點尤其要注意，碎屑要盡量吃乾淨。剩下無法盛叉的小碎屑就聚在一起。

高難度甜點

泡芙（Chou ala creme）

泡芙是從小吃到大，從便利商店到高級專門店都有的甜點。如果你是在家，要怎麼痛快得大口吃，吃得滿嘴邊奶油霜都請便。但是今天是在高級店，或是約會，在男友面前不想吃成大花臉，你有沒有高雅一點的吃法呢？重點是不弄髒嘴，不弄髒盤子的吃法：

泡芙不限圓形，也有立方形等，但是吃法都一樣。如果是上下層分離、中間夾奶油霜的話，可以用刀叉將上層皮挾到一邊，再將它切成一口大，每一口用刀抹上奶油叉著吃，下層就直接和奶油切成幾塊叉著吃。這樣最美又效率的吃法可以完全不沾嘴、不沾盤。如果是小號一點的，就從外殼直接切成四塊，一塊一塊吃（下頁圖❶～❹）。

千層派（Mille Feuille）

千層派大概是最棘手的甜點，因為千層派端上桌都是直立的（圖❶）。因為重心不穩，所以首先用刀叉夾住，讓它躺下（圖❷），接下來就方便了。用刀叉縱向切，一排分次吃，一次切一口大。

重心不穩不方便處理。

用刀叉夾住，讓它倒下，縱向切一口。

3. 咖啡的知識

咖啡的原產地是非洲衣索比亞，現在是全球以赤道為中心緯度二十五度、南北回歸線內都為「咖啡帶」。咖啡樹被發現是在六世紀，實際開始烘焙飲用是在十三世紀，是個歷史悠久的飲料。

咖啡的色、香、味因烘焙的深淺而異，從淺焙、中焙到重焙（一般稱義式）分為八個階段。愈淺焙酸味愈強；愈深焙酸味愈減，苦味愈重。中焙主要是用於綜合咖啡，重焙用於高濃縮咖啡（espresso）。

常見的品種與特色

- 巴西：產量為世界之冠。酸味較少，香味和苦味都恰到好處，味道較單純。
- 哥倫比亞：產量為世界第二。酸味苦味都溫和，是最具代表的溫和派咖啡。

●吉力馬札羅：非洲吉力馬札羅山所產。酸味強、苦味中等，特色是有酸甜的香味。是很有勁道的咖啡。

●爪哇：印尼產。酸苦味很重，咖啡因量很多。

●摩卡：阿拉伯半島產。酸味強，有獨特的高貴香味。

●瓜地馬拉：酸味淡味共具，也常用於綜合咖啡。

●藍山：牙買加產。生長在高原上，因為產量少，有富裕的芳香，被視為最高級品。一般咖啡店會加混別的咖啡豆，成為酸、甜、苦味，有各家特色的「混藍山」，也就是所謂的綜合咖啡。

各品種單獨喝或是複數的綜合咖啡都各有風味。

濃縮咖啡的喝法比較不同

在歐洲餐後較多飲用濃縮咖啡。這是將大火烘焙過的咖啡豆磨得極細之後用蒸氣蒸餾出的咖啡，因此咖啡因很低，不礙睡眠。濃縮咖啡可以加強腸胃蠕動幫助消化，很適合吃完油膩菜餚後飲用。

濃縮咖啡是盛在小咖啡杯（Demi-tasse）裡，喝法和一般咖啡不同。

Demi-tasse直譯就是「半杯」，特色是小巧、華麗。有的杯口鑲金邊，杯面鑲金箔，再加上美麗繽紛的彩繪，是個美麗的藝術品。

濃縮咖啡的喝法：將托盤和杯子整個一起拿起來先聞香味，之後品一口原味，然後才加糖。和其他咖啡不同的是，糖不攪拌。原因是如此糖會沉澱在杯底就會愈喝愈甜。一小杯的濃縮咖啡，花二、三十分鐘慢慢啜飲由苦到甜的變化。這種禪境我們是不是都忘了……

飯後點卡布奇諾另有含意

卡布奇諾（Cappuccino）是義式咖啡的另一個代表，但是正式餐廳都無此物，為什麼？

因為卡布奇諾主要是早上肚子餓時喝的飲料，所以晚餐後點卡布奇諾是有「我吃得不滿足」的意思。

4.

紅茶的知識

雖然紅茶被視為英國的「國粹」但是茶的製法是始於中國。在西元七至八世紀由絲路傳至西域，到了十五世紀首先由葡萄牙人發現了這個東方的神祕飲料，之後到了大航海時期荷蘭人於一六一〇年首次大量批發到歐洲。

茶的原產地是東從中國開始，西至印度阿薩姆溪谷，南至緬甸、泰國、越南的丘陵帶，在亞洲廣域生長。我們喝的綠茶和紅茶其實是來自同樣的原木，只是發酵程度的不同決定色、香、味的不同。

現今有二十多個國家產紅茶，印度、肯亞、南美、俄國等。在此說明最普遍的印度和錫蘭茶。

印度產的紅茶

世界最大的紅茶產國。最著名的是：

大吉嶺茶

位於印度和尼泊爾邊境、面對喜馬拉雅山的山區城是大吉嶺。在海拔約一千公尺至兩千兩百公尺的高險處，一八三〇年代英國人在此移植茶樹開闢了茶園也開闢了大吉嶺到喜馬拉雅的小型鐵路。暱稱「玩具火車（Toy Train）」全長八十八公里，攀爬高度兩千公尺。當時是為方便運載茶葉，現在是著名的世界遺產。大吉嶺也是觀光避暑勝地。

此地的氣候特徵是白天高溫，晚上遽降，這個溫差產生出白霧。受此影響使大吉嶺茶有獨特的高貴芳香，因而有「紅茶中的香檳」之稱。收成期是從三月到十一月。因收成季節不同，味道和香味也不同：三到四月是嫩芽，量少所以昂

貴；五到六月葉子成形，味道、深度和香味最充實，是最高級品，甚至有綠葡萄香（muscat）。

大吉嶺茶最好喝原味，也可加點牛奶（加檸檬的話，茶香會消失）。

阿薩姆茶

產於喜馬拉雅山脈的平原地帶，印度產量最多的品種。味濃，顏色深，有澀味最適合奶茶。最頂級的是在五到六月收成的。

錫蘭產的紅茶

外銷量是世界第一。最著名的是：

努瓦拉埃利亞茶

繼印度之後英國人另又在錫蘭斯里蘭卡的最高處，海拔一千八百公尺的努瓦拉埃利亞（Nuwara Eliya）開闢了茶園。這裡是仍留有百年以上殖民時代建築物的觀光盛地。

錫蘭茶依海拔高度分成三種，各顏色和味道不同：最高級的是努瓦拉埃利亞茶屬於高地產（high-grown tea），具有花香味和淡橘色茶水，也是當時英國王室最愛。

烏瓦茶

是高地產的紅茶，帶有甜味，香味濃，並帶澀味。茶水呈紅橘色，加牛奶之前先欣賞這美麗的顏色。牛奶和烏瓦茶的澀味很搭。

紅茶有等級

一些茶葉盒、罐上會註明「BOP」或「OP」，這是顯示等級。紅茶的等級是以葉子的哪部分以及大小而分。

①F.O.P（Flowery Orange Pekoe）：是最嫩的部分，含有許多嫩芽（golden tips）。嫩芽愈多的愈高級，稱為「金芽茶葉」（G.F.O.P）。但是也有人嫌

它不夠味。

②O.P（Orange Pekoe）：是細長大型嫩葉，約七至十一公釐，香味佳、茶水色淡。

③Pekoe：中級品，比O.P葉子更大更硬些。香味、葉色都稍淡。

④B.O.P（Broken Orange Pekoe）：即O.P的葉子在揉捻時碎斷的，約兩到四公釐。也有含多量的芯芽F.O.P在內的，也是上級品。

如何使用檸檬片

不少人喝紅茶加入檸檬片時用湯匙拚命搗碎檸檬榨汁，這是錯誤的方法。因為紅茶含單寧酸，加上檸檬汁會變澀。檸檬片的目的只是飄香，只要用手或放在湯匙上在茶裡飄一下香就行了。用完後放在托盤上。

在英國喝茶只加牛奶，檸檬茶是美式喝法。

特集

正統英式下午茶

英式下午茶的由來

「下午開派對」的習慣最先是起源於法國路易十四世，在十六世紀凡爾賽宮內王公貴族們有天天舉行下午的社交聚會的習慣。到了大航海時期，首先是葡萄牙人發現了中國茶。進入十七世紀荷蘭設立「東印度公司」大量進口東方的茶葉，喝茶成為了荷蘭的宮廷文化。在十八世紀傳入英國宮廷，英國也效法荷蘭宮廷將茶作為王公貴族的特權享受。

十九世紀是英國工業革命的全盛期，當下中產階級、勞動階級的工作壓力是前所未有因此酗酒的惡習逐漸成為社會問題，於是維多利亞女王將「茶的文化」特賜給民間，使勞動者也能享受下午茶（tea break）的愉悅，舒解壓力。並且也在英國國內大量栽培過去只能從東方買進的大吉嶺茶和阿薩姆茶，使一般庶民也容易買到。喝茶的文化從此在英國變得大眾化。

至於茶為什麼要下午喝的原因是，當時英國人一天只吃兩頓飯，自從進入工業革命，男人的下班時間延至八、九點，所以在家的婦人就以下午茶來填填肚子。

首先是公爵夫人安娜（Anna Maria）吩咐廚師做「有奶油的麵包和蛋糕」搭配茶，下午茶點心（tea food）據說就是由她開始。安娜用下午茶點心招待維多利亞女王，據說女王高興得三天沒回家，和她研究下午茶點心的開發。

維多利亞女王和貴族女友們頻繁相聚下午茶，但是主要目的不是光為了吃、喝、講別人閒話，而是如同日本的茶道，在一起研發和定型下午茶的形式和禮儀：**紅茶的正確泡法。下午茶點心的形式**。更專研講究**餐具和餐桌的擺設**。

英國的茶文化運動除了喝茶之外，英國人非常注重居家生活的品質也是自此開始的。

當時能夠開下午茶會是一種財力的誇示，因為紅茶、砂糖都是貴重物品。貴族、富人費盡心思要炫耀自己的財力，因此帶動茶的周邊文化如：

◎首先是茶具。這也是英國瓷器興起的開端。

◎英國的銀製餐具（cutlery）也更加洗鍊。

◎「款待」並不光是吃、喝，如何讓客人由衷的感到舒服、受尊重，將「款待、服務」依心理學、人體工學演變成一門學問，因此誕生了「英式管家學」、「英式款待法」（hospitality）。

◎更要享受空間舒適，華美的氣氛，因而帶動了室內裝潢、沙發、燈飾、窗簾和英式插花藝術（flower arrangement）。

◎從客廳看出去的庭園景觀也是視覺享受啊！因此帶動了英國的庭園文化。

◎下午茶會更是婦人們在服裝上爭妍鬥麗的戰場！看誰穿最新流行的時尚，誰最有品味！這給服飾界注入了大動力。

這和日本的茶道一樣。日本也是以茶道為中心，帶動了周邊文化：禮儀、字畫、插花、陶瓷器、日式庭園和和服。另外，日本茶道和英國茶文化共通的是：重點不在吃喝，而是追求形而上的教養、品味和優雅的禮儀。

正統英式下午茶點心

我們來看看何謂正統的英式下午茶。

首先，英式下午茶的特徵是那三層點心的托盤，有三明治、餅乾、蛋糕、法式小鹹點（Canapé），和一盤熱熱的司康（Scone）。吃的順序是從下面的三明治往上，也就是先吃鹹後吃甜。

三明治夾的是小黃瓜、蛋、烤牛肉等。傳統式的三明治一定夾小黃瓜的由來是：在十八世紀小黃瓜是稀有食品，是誇示財力地位的代表。雖然今天小黃瓜在市場是堆積如山，但是夾小黃瓜的習慣猶存。

三明治是長方形，稱指頭三明治（finger sandwich），長方形就不必像吃三角形的需要張大口咬，較雅。

法式小鹹點（Canapé）上面是燻鮭魚、鵝肝醬、魚子醬等，也直接用手拿著吃。

英式下午茶讓你聯想到的就是「國粹」司康（Scone）。在英國街上常看「Cream Tea」的招牌就是簡式下午茶，沒有三明治、蛋糕，只有司康和茶。

不少人把司康吃得「支離破碎」，是因為誤以為要像麵包般一口一口剝下來吃？不，因為它沒有黏性，正確的吃法是，用附上的小刀將司康攔腰橫切兩半，之後在斷面抹上奶油，也可以再抹上果醬，直接用手拿著咬食。

說到奶油，這又講究了。用的是白美娜（Clotted Cream，英式德文郡奶油），這是英國的娟姍牛（Jersey）的牛奶做成的濃縮奶油，味道濃厚但不膩。它表面呈黃色，因為沒有甜味，大多搭配果醬。這種奶油和紅茶是絕配。

茶的喝法

茶葉沖泡的時間是：大片茶葉O.P是三分鐘，小片碎葉B.O.P約二分到二分半。大多會附上個小沙鐘量時間。

瓷器茶壺上會罩上一個保溫帽稱Cozy，像穿上棉襖般保暖。如果是銀製的茶壺本身有保溫效果，不用Cozy。

先將銀製（或不鏽鋼製）的小濾茶器放在杯上，以免茶葉倒入杯裡，茶約注入七、八分滿。

服務周到的餐廳會稍稍熱一下牛奶，但是**牛奶絕不能沸騰**，蛋白質超過七十度C會變質、變臭。

大吉嶺茶被稱為「紅茶中的香檳」，以喝原味為主。

俄國茶（Russian Tea）的特色是配有一盤果醬，不少人誤以為是要加到茶湯裡。不！這果醬是點心，用湯匙舀起來一口一口吃。

英式下午茶和日本茶道的共同點是，它同步帶動了生活文化。而若比較不同點，依陳姐姐長年的日本茶道經驗，日本茶道雖稱是「主人和賓客的交流」，但是這個「交流」完全局限於形式上，主人要說明的、賓客要問的都是照這形式，沒有自由交談的空間（不過這也是「wabisabi」一種寂靜的哲學，請參閱《日本料理餐桌禮儀・究極品味的科學》）。

而英式下午茶的交流自起源就是「實際的交流」。當時就透過喝茶，目的是以「交談聊天的內容」展現出自己的「水準」。重點就在此，「水準」之意不是炫富、炫珠寶，而是你過著什麼樣的文化教養的生活？舉凡音樂、文學、旅行、料理、政治、經濟、社會時事等等。所以名媛貴婦不經常充實自己，沒有思想、沒主見的話就跟不上話題只當啞巴，逐漸就不再受邀了。因此下午茶聚會也是逼她們不得不上進的一個「文化度的競爭」的場合，這也是影響日後英國女權運動抬頭的開端。

另一個由茶文化帶動人文進步的是英式服務。服務（serving）是一場聚會中的重要角色，服務的好壞會左右賓客的心情。「服務」也是科學，包括心理學、人體工學、美學等，是有客觀性的一門學問。在英國經常可以看到白髮斑斑，有威嚴又老練的服務人員，讓客人覺得舒服、受尊重。他們將「服務專業」視為終身驕傲的職業。這一點，亞洲人是否應該對「服務」有重新的認知？如果沒有體溫、沒有知識，只是「端盤子」，不久就會被ＡＩ機器人取代。

Chapter 11

歐洲名瓷的知識

食器吃出氣質

1. 食器吃出氣質

人的進化階段都是先滿足了物質形而下——吃飽、吃好，之後才進入精神形而上的境界——即禮儀、品味和餐桌上的美學。

在第1章已述，腦內「好吃」的感覺並非只來自味覺，而是視、聽、嗅、觸覺多元的感官的愉悅在腦中統合後的結果，所以對真正的美食家而言，食物「好吃」只是個基本，他們講究的是更形而上的部分。

「餐皿是料理的衣裳」日本明治時代的陶藝家、也是美食家魯山人的名言。食物需要餐皿的襯托和表達才是一道完整的料理。

看到在台北如「古典玫瑰園」等重視氣氛和餐具的餐廳不斷的增多，這個現象意味國民的人文素質的進步，對形而上的追求開始普及了。

咖啡連鎖店是好喝又經濟，但是目的不同。當你想享受一個形而上的時光，一客美麗的餐具在手，你自然就會放慢腳步，進入當下（mindfulness），進而你就會開始注意到自己是否有相稱的吃相、喝相、儀態、舉止，甚至話題。這就是陳姐姐說「食器可以吃出氣質」的意思。

不少富人買了一堆名瓷不用只放在櫃子裡炫耀，這並無法提高氣質，要實際使用。因為瓷器很脆弱若不小心稍有一點缺口或鑲金邊稍微缺損就不能再拿到客人面前。**因此每天若使用精美的杯、盤，一定會養成纖細秀雅的飲食舉止。**只用拋棄式杯盤無法得到的感性。

但是不是要買昂貴名牌，有機會就多多欣賞名瓷，可以培養出高度的審美觀，這訓練你從廉價品中也可挑選出逸品的眼光。

投資在家庭生活的物品上是培養出氣質的方法。在經濟許可內擁有一些美麗的餐具，自然會想擁有和它相稱的優雅用法，也就會自動自發的改進吃相、舉止。

別人看不到你在家用什麼餐具，但是看得見你因而培養出來的氣質。

2. 必須擁有的著名食器知識

瓷器（china）雖是在中國誕生的，但在餐桌上，中國、臺灣的民間文化並不將食物和食器並列同等重要，食物用什麼盛著都不在乎，只要好吃、吃得飽。反而在歐洲、日本這些受中國瓷器文化薰陶的國家比我們更重視食器文化。這一點值得學習。

歐洲的食器歷史遠遠短於中國，起於十五世紀義大利翡冷翠郡主麥地契（Medicci），不過當時只使用銀器；歐洲的白瓷文化是十六世紀從中國傳入英國宮庭，十八世紀盛行下午茶因而帶動了瓷器文化。從宮廷普及民間之後傳遍歐洲。現在世界馳名的食器是以歐洲品為主。這是一門必備的文化教養。

德國的名窯：麥森瓷（Meissen）

看到Meissen的彩繪會聯想到故宮博物院內的中國御窯。沒錯，Meissen是從模仿中國瓷器開始的，歐洲的瓷器歷史是從 Meissen 開始。

Meissen 是位於德國柏林以南約一百公里的小鎮，是歐洲瓷器的發源地。

之前歐洲只有灰灰土土的陶器。十六世紀大航海時期，西班牙、英國、荷蘭人陸陸續續來到遠東，當他們看到中國純白、堅硬的瓷器時，驚稱它為「白色的金子」。歐洲的王侯貴族都視它為至寶，以擁有這些中國的白瓷器為權富的象徵。當時白瓷器的價值比寶石還貴。

十七世紀德國的郡主奧古斯特二世將燒瓷師貝多卡（J. F. Bottger）囚禁起來，逼他研究燒製出和中國同樣的白瓷器。一天他終於發現有一種硬瓷土可以久耐高溫，和中國景德鎮高領山的礦土類似（因此稱為 kaolin 土）。一七〇八年，他研發出歐洲

麥森瓷茶具組。

的第一個白瓷，郡主就在Meissen這地方建造了歐洲的第一個瓷窯。

負責彩繪的是兩位風格不同的大師。一位是宮廷雕刻家，他專畫歐風的貴婦人形和義大利喜劇風的小猴子，是現在一看就知道是Meissen的象徵。另一位是專畫東洋風味的繪師，這畫風稱Chinoiserie中國典型的桃、竹、梅、蘭、鳥、老虎和石榴。當時歐洲人都以為石榴是洋蔥，有不少諸如此類的有趣誤解。

除了中國風之外印度之花和日本的柿右衛門（動、植物繪圖），也是Meissen的手彩繪。Meissen的歷史最古老，至今仍居首席的地位。三百年歷史的Meissen工廠內有個博物館，可以參觀彩繪師的工作，也可以在此買下批發價的瓷器。

知性可以刺激感性。擁有Meissen瓷器的歷史背景知識，在博物館欣賞時，就更能夠想像出當時什麼代表東、西文化的交流？西方人是如何感受東方的文化？這種深思遐遠在歷史課本上是學不到的。

其他如Rosenthal是十八世紀，Villeroy & Boch是十七世紀誕生的，也都是德國的著名瓷器。

為了讓名食器能和生活更貼切，近年來的製法都是經得起洗碗機和微波爐的磨練。再怎麼貴重的食器，終究是要用的，不是擺著看的，請將它溶入你的生活裡。

中歐的名窯：Herend、Augarten

克服萬難、終於研究出歐洲人夢寐以求的白瓷器製法的貝多卡師匠卻因郡主怕他洩露這企業機密，一生都被軟禁在Meissen的工房內。不過這白瓷製法的機密仍被其他工匠偷轉到國外了。

首先傳到奧地利，然後荷蘭、法國、英國、丹麥，之後到俄國，傳遍歐洲了。

擁有高質地的名窯瓷器是君主權威的象徵，當時奧地利女王瑪麗亞．特蕾莎在維也納附近創設了Augarten窯。剛開始也是模仿Meissen，之後發展出它獨自的花樣。主要是巴洛克的形狀加上

Augarten瓷器的典型。

金邊及花的彩繪。

Augarten的產量少，在亞洲較罕見。它的典型是：女性化的巴洛克形狀，純白底加上金邊及綠色的花朵，看起來高貴但是簡單又清爽。似乎可以從它猜出女帝瑪麗亞・特蕾莎的個性。這是筆者最喜歡的瓷器。

中歐的另一個名窯Herend位於匈牙利，也是食器收藏家之愛。匈牙利過去是鄂圖曼土耳其帝國領土的一部分，是歐洲唯一有亞洲血統的國家。從此窯可以看到明顯東、西文化的混合。

它在一八二六年開窯，當時是奧匈帝國的一部分，奧地利皇室的御窯之一。它具有歐洲王朝的風格，再加上東方味的畫風是它獨特的標誌。英國查理國王和故黛安娜王妃訂婚的紀念禮品就是Herend的瓷器。

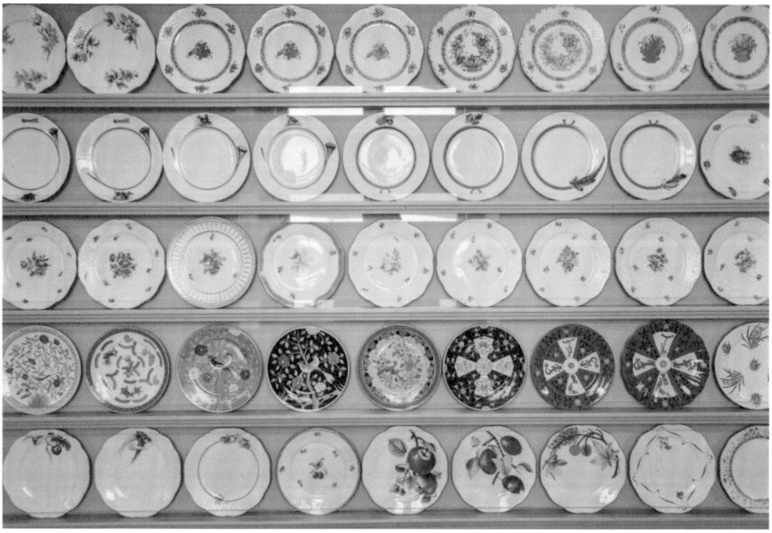

位於匈牙利的 Herend 瓷器製造廠。

這些具有悠久歷史的名窯不在乎什麼「供不應求」，他們絕不量產，至今仍死守著手工製作。工匠技師們就在這風光明媚、僻靜的小村莊裡，一個一個瓷器用手慢慢磨、慢慢畫。外頭的ＡＩ時代強強滾絲毫不影響他們的心情，兩百年前怎麼做現在就怎麼做，這就是他們的作品永遠維持得住王朝氣宇的緣故吧！

不必去追趕時代，只要守住完美的核心價值，時代會來追你。

英國的名器

若是沒提到歐洲瓷器的發祥地是德國的Meissen的話，大概不少人會誤以為發祥地是現在的瓷器大國英國。英國雖然是後起之秀但是青出於藍，「險勝」於藍。說它「險勝」是在窯的數量上勝於德國。這是由於喝茶的文化在十八世紀盛行於英國宮廷之後又傳遍民間。有茶為「軟體」，自然需要有「硬體」的食器來搭配，因此掀起了英國國內瓷器市場的強烈競爭。各個窯場精心鑽研設計，兩百年下來奠定了現在英國食器的質和量以及普及性都是世界首屈一指。

英國名窯中最具代表、眾所皆知，一定擺在百貨公司專櫃裡的是Wedgwood。

在一七四九年，由英國人Thomas Frye首創將動物的骨灰加入瓷土內燒製成bone china。Wedgwood先生在一七五九年設立了公司，將這技法改良後成為自己的招牌商品。Wedgwood先生不愧是在工業革命的大本營，他將瓷器的製造工業化，使生產品質安定。當時英國又是航行四海的日不落國，他也將Wedgwood的產品販賣到全球英國的殖民地。

這就是為什麼英國雖然是瓷器的後起之秀，但是能夠比其他國家更發揚到全世界的原因，他們充分利用了工業革命和以殖民地做為全球市場的利基點。所以Wedgwood不只是瓷器研發師、藝術家，也是工業化的企業家，更是開拓全球市場的生意人。

最具象徵的藍底加上白色浮雕的樣式（圖❶），是以希臘神話為主題；帶土耳其藍色的Florentin（圖❷），是從一八六〇年誕生的圖樣，幾百年下來仍屹立不搖。

1

2

英國著名的食器不勝枚舉，其中代表性的有：Royal Doulton是一八一五年從倫敦泰晤士河邊的一個小窯開始，在一八八四年引進了bone china（骨灰白瓷），一八八七年維多利亞女王賜給了「Royal（皇家）」的封號，是世界上最大的陶瓷器製廠。

Minton是一七九三年由銅板雕刻師，首創在堅硬的骨灰白瓷的周邊加上液體的黏土做為浮雕裝飾。這個畫期性的製法使食器的裝飾更為華麗。維多利亞女王開始使用並稱譽它為：「世界最美麗的骨灰瓷器」。全世界的英國大使館都使用它，有「食器的貴婦人」之譽。

Royal Crown Derby是一七四八年創業。在一七七五年喬治三世賜給「Crown」的封號，又在一八九〇年維多利亞女王賜給「Royal」的封號，是唯一享有兩個皇家封號的瓷器。它的特徵是：受到日本古伊萬里的影響，有金彩、紅色和濃藍色的鮮豔色彩。

Royal Albert是一八九六年創業，是最具有英國風味，

以英國的國花玫瑰為標誌（圖❸）。Royal Worcester於一七五一年創業，是英國現存最古老的名窯。它最有代表性的模樣是水果圖和22 K金的金彩。Spode於一七七〇年創業，它獨特的技法是將銅板的皮畫印在紙上後轉印在瓷器上，這使瓷器的花樣儼然像一幅畫。

法國的名瓷器

法國中部的Limoges是最大的窯廠地區，也是觀光勝地。法國瓷器約百分之五十在此生產，包括名器Bernardaud, Raynaud, Haviland。

Bernardaud是一八六三年創業，受拿破崙三世的寵愛，是Limoges最大規模的名窯。

Raynaud於一八四九年創業，也是

Limoges的代表之一。它獨特的透明感是來自於高領土（Kaoling）的調配法。它不量產，只依訂單生產，一流的飯店、餐廳都以使用它為榮。

Haviland是美國商人Haviland一八四二年去法國開創的窯，它的特色是白，又薄又硬。以美國總統林肯等在官邸享用它而聞名。

Sevres是法國政府國宴一律使用的國立窯。國立瓷器廠可以從巴黎乘坐地鐵到終點Pont de Sevres，是一七五三年路易十五世設立的洛可可風格的瓷器窯。它是只依訂單生產，也稱為「總統的窯」。

義大利的名器

義大利講究美食，自然也追求食器的精美。文藝復興的發祥地翡冷翠也是歐洲美食的發祥地之一，在此地的貴族Carlo Ginori於一七三五年創設義大利名器Richard Ginori。

Richard Ginori的花樣非常好辨識，稱為「義大利的水果」：中央是黑棗，周圍是五彩繽紛的花朵和水果散布著。在它創窯的十八世紀當下是流行著「東方調」，但是它不追隨，堅守義大利自己快活的花樣，一直到今天。

陰雨天，心情消沉時用 Richard Ginori 的茶器捧在手上，那鮮豔快活的顏色和花樣會讓你聯想義大利燦爛的太陽，令人振奮起來。

北歐的名器

北歐的食器也是收藏家所喜愛的。荷蘭的 Delft，丹麥的 Royal Copenhagen，芬蘭的 Arabia，挪威的 DANSK，它們的特色是外型厚重，花樣也較樸素。

去朋友家作客，端上來的食器是純白、厚實的 DANSK 的話，還沒嚐到主人的菜，也可以猜想一定是好手藝。為什麼？因為 DANSK 的特徵是純白樸實，厚重又保溫，很適合「慢食」（Slow food）。由此可知主人一定生活得腳踏實地，注重家人歡聚的溫暖。

北歐瓷器中最著名的是丹麥的 Royal Copenhagen，由名字 Royal 也知道是王室愛用的。它是一七七五年由當時的國王和皇太后大量出資所設立，也以它做為呈贈給其他歐洲皇室的御禮。

它的特色一眼就可以辨識出來：海藍色的花樣，就像丹麥童話中許多以海為主題的故事；花樣全是用手工繪畫，至今已經兩百五十年了。

王室愛用的皇家 Royal Copenhagen 瓷，深藍色圖案為其特徵。

西餐餐桌禮儀．究極品味的科學

國家圖書館出版品預行編目（CIP）資料

西餐餐桌禮儀 . 究極品味的科學／陳弘美著 . -- 初版 . -- 臺北市：健行文化出版事業有限公司出版：九歌出版社有限公司發行，2024.05

320 面；14.8×21 公分 . --（愛生活；77）

ISBN 978-626-7207-65-9（平裝）

1. CST：餐飲禮儀　2. CST：社交禮儀

532.82　　113003356

作　　者——陳弘美
攝　　影——子宇影像有限公司
發 行 人——蔡澤蘋
出　　版——健行文化出版事業有限公司
台北市 105 八德路 3 段 12 巷 57 弄 40 號
電話／02-25776564・傳真／02-25789205
郵政劃撥／0112263-4

九歌文學網　www.chiuko.com.tw

排　　版——綠貝殼資訊有限公司
印　　刷——晨捷印製有限公司
法律顧問——龍躍天律師・蕭雄淋律師・董安丹律師
發　　行——九歌出版社有限公司
台北市 105 八德路 3 段 12 巷 57 弄 40 號
電話／02-25776564・傳真／02-25789205
初　　版——2024 年 5 月
定　　價——480 元
書　　號——0207077
I S B N——978-626-7207-65-9
9786267207666（PDF）
9786267207673（EPUB）

致謝

示範
林桂慧、楊彤、廖憲曜

場地協力
台中林酒店、北投老爺酒店

照片提供
Georg Jensen、Riedel Japan 東京